U0939357

高效演讲

斯坦福备受欢迎的沟通课

[美] 彼得 · 迈尔斯　尚恩 · 尼克斯 / 著
马林梅 / 译

AS WE SPEAK

HOW TO MAKE YOUR POINT
AND HAVE IT STICK

江苏人民出版社

AS WE SPEAK: HOW TO MAKE YOUR POINT AND HAVE IT STICK By PETER MEYERS AND SHANN NIX
Copyright:© 2011 BY PETER MEYERS AND SHANN NIX
This edition arranged with HILL NADELL LITERARY AGENCY
through BIG APPLE AGENCY, INC., LABUAN, MALAYSIA.
Simplified Chinese edition copyright: 2022 Phoenix-HanZhang Publishing and Media (Tianjin) Co., Ltd.
All rights reserved.

江苏省版权局著作权合同登记号 图字：07-2012-3731

图书在版编目（CIP）数据

高效演讲：斯坦福备受欢迎的沟通课 /（美）迈尔斯，（美）尼克斯著；马林梅译. — 南京：江苏人民出版社，2015.11（2022.4 重印）
书名原文：As We Speak: How to Make Your Point and Have It Stick
ISBN 978-7-214-16357-8

Ⅰ. ①高… Ⅱ. ①迈… ②尼… ③马… Ⅲ. ①演讲－语言艺术 Ⅳ. ① H019

中国版本图书馆 CIP 数据核字（2015）第 213354 号

书 名	高效演讲：斯坦福备受欢迎的沟通课
著 者	[美] 彼得·迈尔斯 尚恩·尼克斯
译 者	马林梅
责任编辑	张晓薇
装帧设计	凤凰含章
出版发行	江苏人民出版社
地 址	南京市湖南路 1 号 A 楼，邮编：210009
印 刷	天津旭丰源印刷有限公司
开 本	718mm × 1000mm 1/16
印 张	18.75
字 数	240 000
版 次	2015 年 11 月第 1 版
印 次	2022 年 4 月第 5 次印刷
标准书号	ISBN 978-7-214-16357-8
定 价	45.00 元

（江苏人民出版社图书凡印装错误可向承印厂调换）

谨以此书献给我们的父亲

彼 得

我8岁那年，父亲成为鲜果布衣公司最年轻的副总裁。一天，他带回一本用深色皮革装订的书，封面上的字金光闪闪，书名叫“更好的书信”。他视这本书如《圣经》，读完它，父亲告诉我们，良好的沟通比任何事情都重要。父亲常年在外奔波，不时给我们写信，并要求我们回信。他让我们在饭桌前辩论，培养我们形成自己的见解并捍卫这些观点的能力。在此，我将本书献给我的父亲——霍华德·A. 迈尔斯——一位真正的沟通之王。

尚恩

我的父亲在得克萨斯州西部一个肮脏的农场长大，小时候从未接触过与艺术沾边的东西。虽然起初的环境很差，但父亲总是竭尽所能把我们家变成文化的绿洲，他像变魔术似的把歌剧、文学作品等富有创意的文化表现形式带给我们。在餐桌旁，我学到了良好的交谈技巧。父亲70多岁的时候，迎来了职业生涯的第二春，他写了一些书详细介绍他那些有关宇宙的奇思妙想，既神秘又科学。我要将本书献给我敬爱的父亲——唐·克林顿·尼克斯——一直教导我要大胆表达自己想法的人。

目 录
Contents

目 录
Contents

目 录
Contents

前　言

高效演讲：斯坦福备受欢迎的沟通课

人人都可以高效沟通

你在黑暗中静静等待，马上就要上台发表演讲了。你双手冒汗，来回踱步，不时翻看手里的小卡片。你已经将这些小卡片排好了顺序，但上楼梯时，卡片掉到了地上，等捡起来时，顺序全乱了。放第一张幻灯片时应该说些什么呢？你也不记得了。前一晚你已经熬了很久，花了很长时间准备。你的领带与衣服搭配吗？领结是否整齐？你又上上下下检查了一遍。早上看起来还精致得体的西装，此刻怎么感觉皱巴巴的，而且穿在身上太紧了。

你感到脸红发热。如果忘了要说什么该怎么办？如果听众不喜欢你又该如何？如果他们问你刁钻的问题，你该如何应答？如果他们发现你没有想象中那么聪明呢？如果有听众知道的东西比你还多，而你确信台下真有这样的听众，又该怎么办？

透过深红色的天鹅绒帷幕，你再次朝会场偷偷看了看，有人正在入场，有人正在寻找座位，有些就座的人看起来已经不耐烦了，而你连一个字都还没说呢。你发现老板就坐在第二排，神情凝重，他可是对你寄予厚望的。就在今天早晨，他还告诉你这次演讲是多么重要。紧挨着老板的是布拉德——这家伙觊觎你的职位已经很久了，他正靠在椅子上，双臂抱在胸前，一脸假笑。他的膝上放着笔记本和红笔，准备做记录，以发现你数据中的漏洞。看得出来，他正盼着你出些纰漏呢。

几乎所有同事都到场了。如果这只是一个客户会议，最坏的结果无非是少挣些钱，但现在，听众席上的人都认识你。明天早上，甚至以后的每个早上，你都会在电梯里碰到他们。无论你在台上说什么，在接下来的几年里，你说过的这些话都会陪伴着你，成为人们讨论、写作甚至闲聊的内容。他们已经在看手表，并掏出智能手机，准备在你离开讲台之前就将你的讲演稿和演讲情况发到世界各地。

你能感觉到自己的心脏怦怦地跳个不停。此刻，你唯一能做的就是祈祷老板不要看到你脸上恐惧的神情。你还感觉到上唇周围汗珠密布，只好伸手擦了擦。你又发现自己双手在颤抖，只好插进口袋，紧接着又抽出来。

一位和善的灰发女士将你介绍给听众，台下响起了稀稀拉拉的掌声。你抬起下巴，深吸一口气，走上了前台。明亮的灯光像一堵墙一样，挡在你身前。当你望向听众席的时候，你能感觉到五百双眼睛正盯着你。此时，你感觉一切都是不真实的，如同身处梦境一般。体内的每一根神经都在冲你尖叫，让你快点逃跑。但双腿早已不听使唤，不停地颤抖，像是在跳着一些可怕的舞步。为什么自己会在这里？为什么自己会答应做这次演讲？你的双手不由自主，仿佛受伤了似的又缩回了口袋。你努力地将它们抽出来，紧张不安地抓住讲台。你嘴唇发干，但为时已晚，讲台上一杯水都没有。你迅速浏览了一下电脑屏幕，接着开始查找文件。此刻，你大脑一片空白，甚至记不起自己的名字——它可要比演示文稿的第一行字少得多。寂静中度过的每一秒都如同一小时那样漫长。坐在前排的听众正注视着你，他们脸上的那种表情，你过一会儿才能意识到，他们那是在可怜你。

这听起来像不像你最可怕的梦魇？在一大群人面前发言的想法吓着你了吧？其实，这样的人并非只有你一个。你并没有什么毛病，真正的问题是，作为人类，在这样的情况下，身体会本能地表现得如此差劲。

为什么会这样呢？人类大脑里有两个微小的、杏仁状的神经组织，叫“杏仁体”。作为最古老的大脑神经系统的组成部分，“杏仁体”仅有一项功能，不是助人思考，而是让人保持活跃。“杏仁体”从不休息，它们是人类早期预警系统的一部分。它们不断扫描危险事物，一旦你遭到威胁，它们就向你的身体发出警告。当你站在讲台上的那一刻，DNA告诉你此刻遇到大麻烦了。当感觉到有几百双眼睛在黑暗中盯着你时，经过几百万年进化之后的哺乳类动物的大脑，确切地知道这意味着什么——意味着你将成为一顿盘中餐。

你大脑里的杏仁体马上行动了起来。它们会用力挣脱高度进化的大脑的控制，并且将信息传回到掌控求生本能的大脑的原始部分。肾上腺开始分泌肾上腺素并将其注入你的身体系统。此时，呼吸更加急促，为血液补充氧气；心跳加快，为行动作准备；你开始出汗，手变得腻滑、难以抓住。目光变得锐利起来，你已做好战斗或逃跑的准备。血液回流转向胳膊和腿部的肌肉群，将帮助你战斗或逃跑。所有无关紧要的功能都被停止。血液被从其他器官中抢过来，因为在保全性命的紧要关头，那些器官不是必需的。

此时，对于你来说，不幸的是有一个器官，即大脑中处理语言的前额叶，也在被抢之列。当血液从前额叶流走时，你为演讲而精心准备的话也会从大脑里消失。那一刻，你大脑一片空白，觉得自己很愚蠢，因为你的智商实际上已经下降了，你正处于称之为“杏仁体劫持”的状态。

聪明、成功、漂亮或才华横溢等特质，都不能使你幸免于“杏仁体劫持”状态。实际上，跻身《财富》杂志500强公司的许多首席执行官（CEO）、世界各国领导人、外交官、大使以及政治候选人都曾遇到过同样的问题。当他们碰到这种问题时，其中许多人都向我们进行了咨询。

那么，我们是谁呢？我们二人来自研究高效沟通交流的前沿领域。彼得·迈尔斯，现任斯坦福大学教授。他开设的沟通课在该校引起了强烈的反响。同时，他还是Stand & Deliver咨询公司的创始人兼董事长，该公司游走于全球，为美国、西欧、斯堪的纳维亚、俄罗斯、日本、拉丁美洲以及中东地区的CEO和高层管理人员提供培训。尚恩·尼克斯是一个屡获殊荣的记者、小说家和剧作家，曾在一个全国排名第一的电台做脱口秀节目主持人，该节目每晚的听众接近百万。我们共同合作，整合了在剧院、电台、电影、电视、小说和新闻领域的50年工作经验。

我们从事的是什么样的工作呢？

当一名领导人进入聚光灯下，所有目光都集中在他身上时，无论是美国总统还是当地图书馆基金委员会主席，当他开口说话时，人们对他的期望都会令他心生怯意。人们会想当然地认为他会表现得有内涵、思路清晰且充满自信。

问题是，聪明的人不一定是一个好的沟通者。事实上，许多聪明人的悲剧就是思维能力超过了语言表达能力。这正是我们帮助他人提高的突破口。

我们经常在演讲开始前24小时或48小时的危急情况下被召来，以避免潜在的沟通危机，在领导人登台演讲之前，我们会在休息室里指导他们；在演讲的前一个晚上重写讲稿。我们不断修改和丰富演讲的语言和内容，让领导人练习并不断彩排，并且教给他们一些必要时可以派上用场的技巧。

有时候，一个公司的领导人需要赢得员工的认可，需要影响团队迎接一项新挑战，或者需要将分散的团体联合起来才能更有效协作。这时候，我们也会提供帮助。

我们曾多次应邀与一位高层行政主管一起工作。她聪明过人、经验丰富，但某些习惯削弱了她的权威。我们帮助她将思想转化为行动，让她带着一定的威严讲话，这样她最终会赢得应有的尊重。我们也会培训那些工作有声有色却怯于向董事会作报告的高级副总裁。我们为演讲者答疑解惑，让他们的演讲由杂乱无章变得条理清楚，由疑点重重变得切实可信，由枯燥乏味变得富有激情。

我们帮助演讲者让思想得到恰如其分的表达：思想被接受的程度与演讲者表现出来的活力相匹配。我们与那些聪明的中层人士一起工作，他们因不能有力地表达自己的观点而被忽视。我们帮助那些想在会议中取得更好沟通效果的人们。他们会提出这样的问题："我怎样才能插上话？""我怎样驳倒性格外向的人？""如果我是一个更喜欢沉思或只埋首于数字的人，我该如何坚持自己的立场呢？"我们经常对金融或数据分析人士进行培训，教他们如何将数据转化成令人难忘、让人信服的叙述。我们经常会与一些CEO一起工作，他们聪明但性情冷淡，与员工打交道时往往不知如何是好。

人们向我们寻求帮助通常基于两种原因。要么，他们在沟通上已经取得了一些成功，品尝过其中的甜头，因此想获得更多成功；要么，他们有过一次痛苦的经历，就像我开头描述的那样，他们不想再忍受那样的折磨了。向我们寻求帮助的许多人，正在遭受演讲的煎熬，而且对演讲充满了恐惧。他们渴望停止恐慌，享受演讲过程并达到更好的演讲效果。他们当中的许多人已经是很好的沟通者，但正像吉姆·柯林斯说的，"优秀是阻止你迈向卓越的敌人"。我们只与那些决心提高自己演讲水平的人一起努力。

如果你正在阅读本书，恭喜你，你清楚地懂得一个道理：如果你希望事情成功，那就需要良好的沟通。就算完全没有有效的技巧，你也要明白你的每一次演讲、每一次沟通，都会或多或少地激发别人的积极性，促进事情的成功。

通过本书，你将与前来咨询及从世界各地赶来参加培训的CEO和公司领导人获得一样的信息与技巧。精华尽在你手中的书里。本书与附录的网络链接信息将为你带来一次实战学习体验，这样的设计旨在极大地提高你说话时的影响力。

当然，你无法凭空获得信心。信心不是可以从外部获得的东西，也没有人能赐予你信心。信心来自挑战自我的过程，通过战胜困难来产生信心，倘若不如此，信心就会消失。信心来自一系列胜利的积累，不管这些胜利是大还是小。在恰当的时间，拥有正确的知识和技能是绝对必要的。想克服恐惧，你只能做自己最害怕的事情，向自己证明你能处理好它，能战胜它。当面对恐惧时，你能一次又一次赢得胜利，这就是本书的目标。

我们将帮你解密大庭广众之下那令人却步的经历。我们的目标是驱散你面对听众时心中的恐惧，把你打造成一个强大且从容的演讲者，这样你就可以分享你的知识，将这些知识作为礼物分送给他人。

为什么要致力于将讲话视为分发礼物的机会呢？

因为，讲话有两种类型。第一种，有时候我们纯粹是为了自身的利益，将心中所想大声地表达出来。也可能是刚刚发生了什么事情，我们通过说话作出回应。通常情况下，我们只会说点自己想表达的内容。

还有一种类型的讲话，目的是为了对其他人施加某种影响。这种情况下，你是在分享一些东西：知识、洞察力、信息、灵感，或是一些经验、一种感觉。

当讲话人的意图是传授一些东西以改变听众的思想时，讲话就变成了领导行为。他为了创造出尚不存在的某些东西而组织语言。他提出问题："我如何才能让情况变得更好？"之后，就会运用话语和想法去实现这个目标。

当然，如果讲话人有分发礼物的意图，这对听众来说是件好事。同样地，这对讲话人自己来说也是好事。公开演讲的大忌——恐惧和乏味，会在慷慨精神面前消失殆尽。人类沟通的一项神秘法则就是：当你给予的时候，你会变得更有趣，恐惧感也就消失了，因为你要实现的目标不再局限于个人，魔力效应就会出现。你可以找激发自己兴趣的理由去做正在做的事情，这一理由会吸引你不断前进。要有所作为的愿望比受到恐惧煎熬的念头更能使你兴奋；高尚的希望要强于内心的恐惧，它是带领我们克服恐惧的唯一工具。

你可能会说：对那些准备做鼓舞人心的演讲的人来说，这听起来是不错，但是对我呢？我只是每个季度向大家做更新后的数据展示，这些对我也有用吗？

当然有用！

即使你做的事情只是坐在收费站里，在每次收费之后说声"谢谢"，那也是你的意图在指引你进行沟通。在最基本的日常行为中，包括在说"早上好"时，带着一种分发礼物的意图，也会把你正在做的事情提升到一个新的层次。因为，人的意图可以促使行为更完善。

彼 得

我曾在巴黎的一家五星级餐厅观察过一名侍者的工作情况。他走路像溜冰，滑行顺畅、平稳，看他走路让人身心愉悦。当他把食物端到餐桌上时，会与就餐的人说几句。他说话的时候，每一位顾客都会眉开眼笑。我也观察了其他侍者，没有一位像他那样能对所服务的顾客施加那么大的影响。我的行为引起了他的注意，他马上走了过来。

“先生，有什么能为您效劳？”

“我知道这个问题听起来可能有些奇怪，”我说，“但我一直在观察你，看起来你好像对这间屋子里的人都产生了巨大的影响。你对他们说了些什么？”

他笑着回答：“年轻时，我第一次在一家雅致的餐厅上班，领班建议我每次服务完后对顾客说一句‘祝您好胃口’，因为我性子有些急，每次都是刚把盘子放到桌上，就重复说几句‘祝您好胃口’然后快速离开。一天，当我把盘子放下时，我猛然发现，餐桌前的顾客都看着我。在那一刻我意识到，我应当看着他们的眼睛，说一句‘祝您好胃口’，并且真心祝福他们。这样，不用语言我就能告诉他们：‘我希望食物合你们的胃口，我希望你们快乐。’通过这种最简单的动作，就能让顾客感觉很舒畅。这样做花不了我多长时间，将盘子放在顾客面前，就好像菜是我自己做的。我不是简单地提供食物，而是在提供圣餐。我是最幸运的人，先生。招待人们进餐，带给人们营养，提供让人们高兴和快乐的东西，这是多么荣耀的事情啊！”

正是在那家餐厅，我懂得了一个道理：带上正确的意图，你可以将任何事情都变成给予别人礼物的机会。

作为演讲者，你会觉得这是个好消息。其意义在于，你不必是完美的，给予礼物的意图胜过对完美演讲过程的追求。的确，说对每句话当然好，但是演讲中出点问题或犯点错误也没什么大碍，因为萦绕在听众脑海里的是整个体验。

我们都曾听过一些人的演讲，他们语言恰当，幻灯片的演示也准确无误，但给我们的感觉却是冷冰冰的。还记得前些年臭名昭著的泰格·伍兹的道歉吗？他的每个用词、每个画面角度都堪称完美——但结果是，人们更加气愤了。说话的人是在迎合我们的需要，还是在维护背后自身的利益，个中差别，我们自能体会。

还有另一种现象——一些人演讲时言语中可能有很多纰漏，他们说话粗鲁、缺乏经验或紧张急躁，但他们却以某种让人永远不能忘怀的方式打动了我们。完美并不是答案。你不必为了对周围的人施加更多的影响，而变成老练世故、迎合他人的人，你只需做一个更可信的人。

自我意识无非就是过于关注自己。自我意识强的人通常纠结于这样的问题："我好看吗？""我说的话明智吗？""我怎样才能确保自己看起来不像个傻瓜？"

如果我们不再强迫性地关注外表如何，而是关注如何为听众服务，我们就会开始提出不同的问题："我该如何影响他们？""我能与听众分享哪些知识？""我能提出什么独到的见解？""我该如何安慰他们，如何祝贺他们，如何减轻他们的工作负担？""我如何才能带给他们欢乐、舒适、好奇或兴奋的感觉？"

到那时，面对人群演讲时你将不再茫然，你的内心会升腾起一股巨大的荣誉感。一旦一个人为了他人而行动，就会表现出不同的品质。关注点的简单改变会召唤出我们最出色的智慧、最强大的能量。它会将一直蕴藏于我们身体之内，但可能仍处于休眠状态的表达能量释放出来。这个时候，我们意识到，自己活着是为了更多人，而非仅限于自身，我们将变得更加机智。当你演讲的时候，你想要获得更多的鼓励吗？那么，让你的演讲服务于更多的人而不仅是你自己。在更高尚的意愿驱使下，你很容易就能获得鼓励。我们曾经支持什么、现在支持什么，都会如实地表达出来。当需要有所体现的时候，我们会发现，声音、洞察力、能力、精力或者意志力，自己都已经具备了。

你每周都会与重要人员进行成百上千次谈话。你可能会在餐桌旁与一个人说话，也可能会在大礼堂里对着五百人演讲。每一次对话都有可能改变你的生活、职业生涯、家庭、学校或公司中发生的事情的进程。寻求改变是一种英勇、大胆的行为。

实际上，寻求改变是一种领导行为。简而言之，为了得到向往的结果，沟通必须是有效的。

在这个世界上，想法不为人知的聪明人比比皆是。本书的目的是确保你不成为他们中的一员，即培养你通过说话的力量创造改变的能力。此刻就是你需要向前迈进并作出个人贡献的最佳时刻。现今，人人都希望父母、老师、老板、同事和政治领导人能指引方向、答疑解惑，并信任自己。倘若你是以上人群中的一员，那么，本书正适合你。

无论你在做什么，都处于人脉圈中。影响力水平取决于你的人脉质量，而人脉质量又由沟通质量来决定。良好的沟通如同良好的礼仪：会把他人的利益考虑在内。良好的沟通是用明确、中肯、简洁的话语来表达，是以他人容易理解、吸收和记忆的方法来传递信息的艺术。

曾几何时，信息就是力量。现在你却可以在瞬息之间得到所需的数据，那么信息时代也就终结了。互联网通过提供免费的、人人都可获得的信息，终结了信息时代。

现在，我们被淹没于数据之中，渴望在数据之间建立起有意义的联系。

想影响一些人，仅仅通过提供数据的方式是不起作用的。近来的研究揭示了人类大脑深藏的秘密：决策不是由处理逻辑、事实、分析和连续过程事务的左脑作出的，而是由处理情感、概念、比喻、幽默和故事的右脑作出的。换句话说，我们的决策不是基于事实而是基于感觉作出的。①我们凭直觉或预感作出决策，然后再蹿到处理逻辑事务的大脑一侧——左脑，开始收集支持我们决策的事实和证据。

因此，如果你仅仅通过向某人提供数据的方式来影响他，那么你就是在与错误的大脑一边对话，就是在浪费自己的时间。

我们过去一直在做这样的事情，现在我们对此已有更好的了解。如今的专业沟通方式不再是单纯地处理和汇报数据信息了，而是为听众创造一种情感体验。实际上，当你的头一沾枕头，你就会忘掉今天听到内容的90%——你的听众也是这样。正如沃伦·比蒂（Warren Beatty）所言："他们可能忘掉你说过些什么，但是永远不会忘记你的话曾经带给他们的感觉。"

我们大多数人甚至在开口说话之前就已经犯了沟通中的第一个错误。我们假定听众对我们要说的内容感兴趣。

但事实并非如此。

并不是因为听众自私或心眼坏，而是因为每个人最感兴趣的主题是他自己。你一开始讲话，听众就会提这样的问题："你所讲的与我何干？"尽管如此，我们大多数人仍然会将一场艰难的对话继续下去，顽固地坚持自己想说的内容。

没有丝毫证据表明这样做会对他人产生任何积极的影响。

要想真正与他人交流，你必须认真思考他们需要什么。不要只告诉听众他们想听的内容——要了解听众渴望感觉、知道和体验的是什么，这样才能引起他们的思想转变。

交流的主角不是你，而是听众。

领导人的影响是巨大的，他说的每一个字不是只影响少数人，而是会影响成百上千的人。如果你曾经因为老板拙劣的沟通技巧（或缺乏沟通技巧）而离职，那么，你并不是特例，老板缺乏沟通技巧是员工离职最常见的原因。绝大多数尚不明白这一点的人会说："区区几句话怎么就能毁了别人的生活呢？"问题是明白这一点的人会问"怎样才能让别人理解我要说的内容呢"，却不考虑所说的话会对听众产生怎样的影响。在谈话的过程中，他们往往会使员工感到莫名其妙、愤怒或情感上不堪重负。

这对那些打算挺身而出、在一群顽固的听众面前发表演讲的人意味着什么？这对打算和处于青春期的十几岁孩子进行一次艰难对话的父母意味着什么？倘若你打算面对情绪高昂的听众讲话，这对你又意味着什么？

本书是有关如何将世界上所有的知识归结到一个连接点的书。它是关于和听众建立关系的能力——即使你处于充满敌意的环境，也可以开始改变听众的感受，化解他们的敌意并建立起信任。

问题是，这种情况与我们自身的生理反应是相抵触的。数万年来，我们的"杏仁体"将我们置身于对危险的无休止扫描中。我们习惯了提出这样的问题："我们怎样才能安然无恙地熬过这种敌对状态？"

我们需要进行自我更新，为克服这一状况将无异于重装大脑。

那么，怎样重装大脑呢?

这项工作要从改变心态和信念开始 。当你试图影响他人时，你首先必须影响你自己。这是很关键的一部分，但在传统的演讲培训中往往被忽视。许多沟通教练会做“特色培训”，他们会告诉你如何灵活运用双手和声音，在哪里站合适，如何使用幻灯片等。

我们认为说话是一种“内部工作”。在对全球数以千计的人进行培训之后，我们明白了一点：一般情况下，问题都不是外在的，而是出在内部。我们很少碰到需要“发声培训”的人。你的声音很好，你的双手也不错，几十年来，你一直运用它们有效地与他人交流。问题是，当你站在聚光灯下时，大脑里究竟发生了什么让你的行为变得不自然?

没错，本书将会详细地告诉你，如何在讲台上专业地利用你的双手、眼睛、身体和声音。更重要的是，我们将教给你寻找和转变有关说话的心态和信念的技能，这样你就能真正地开始体验将说话当作分发礼物的机会了。你将不再担心诸如“他们会喜欢我吗”这样的问题，你会期待下一次演讲的来临，并将其视为与听众建立联系的机会。

当存在人际关系时，真正的交流才会发生。没有人与人之间的联系，就不会有相互影响，也不会有交往，更不会促使听众的思维从A点移动到B点。这种联系不会通过在黑漆漆的屋子里看无聊艰涩的幻灯片建立起来，因为播放幻灯片时，其中一些人会重新读一遍幻灯片上你已经读过的文字。只有当你登场的时候，联系才会建立。此时，丢掉你的盔甲，让听众看到你眼睛里闪现的光芒，以一种能够满足沟通对象的某些需求的方式，努力接近他们。我们将其称之为联系纽带。

这个纽带是强大的，也是我们急需的。我们生活在一个可怕的时代，很多人都觉得他们被限制于恶性循环之中，无法掌控自己的命运，也不相信领导者能拯救他们。你可以控制的一件事就是，提高你与他人清晰交流的能力。清楚你想要的结果，与你的听众建立联系，并且用一种具有说服力的、令人难忘的方式阐明你的观点，学会这些可以使你成为自己命运的主宰者。这可能是保障你安全的最好投资。无论未来你身在何处，卓越的沟通技巧都会成为你最大的优势。

当今时代，信任是最高信用的货币。决定你成败的信任水平与你的沟通质量成正比。我们会迅速决定自己是否信任某些人，我们作出此决定不仅仅是基于他们给予我们的信息，还基于他们传递信息的方式。你可能拥有这个世界上最好的数据，但是假如你的肢体语言与你的信息不相匹配，你的听众将会本能地不相信你所说的话。

回想一下，在一周的时间里你平均花在会议上的时间有多少？有多少次会议由于时间过长，加上发言者语速太快、含糊不清、毫无意义，你只能靠咖啡因或糖在绝望中保持清醒。

糟糕的是，你可能正是会议上喋喋不休的那种人。我们滔滔不绝地说了太多的话，遗忘了简洁的艺术。我们已经忘记了如何用生动、发自肺腑的语言来传递信息，以使交流更加惬意。我们正在消耗身体组织的命脉，用纯粹的无聊残杀我们数以万计的脑细胞。

下一次开会时环视一下四周。你看到了什么？人们参与其中了吗？他们起什么作用了吗？他们有什么发现而且积极地阐述自己的观点了吗？还是只是坐在那里不为所动，被迫参会后只等着会议早点结束？对于团体中的我们而言，关键的一点是，当我们聚集在一间屋子时，我们应当将这样的时刻视为唤醒使命感、激情和意义的机会。

演讲总是获得成功的人有一个共同点：他们提高了对自己的要求标准。在20世纪初，即使你做普通工作也可以很引人注目；50年之后，如果做普通工作，你可能会获得一块金表之类的物质奖励和几句表扬；而现在，如果还做普通工作，你只会被遗忘。拥有充足的信息是不够的，与你对话的每个人，每天都会从广告、电视、互联网、收音机、电子广告牌、文本、电话推销及其他地方中获得无数条信息。只有自己足够杰出，你的声音才能在一片嘈杂中脱颖而出。要想突破喋喋不休，你需要一点策略——我们称之为高效沟通策略。

你可以这样想：高效沟通才能得到你想要的结果，而其他的一切沟通仅是说话而已。

高效沟通就是对有疑义的地方进行厘清，就是在听众跟不上你的沟通思路时创造关联，最重要的是，激励人们完成他们认为不可能完成的事情。

作为一个物种，人类已经花了很长的时间进化身体，却很少改善沟通技巧。事实上，从希腊人完善其辩论艺术以来的两千年间，沟通技能一直没有什么大的改变。在过去的50年里，我们在谈话艺术方面还有所退步。

今天，我们生活在网络世界里，技术的进步使网络遍布全球各地。我们面临的挑战是：电子邮件、电话会议、视频沟通等技术的频繁使用拉远了我们和听众的距离，除非我们能够巧妙地运用这些技术加强我们和听众之间的联系。技术本身不会自动地将你和听众连接起来——就像乐器自身不会弹奏一样。你必须学会使用这些媒介，它们才会让你穿越时间和空间，而不削弱和阻隔作为人类的情感链接。

在如今的高科技环境中，很好地运用口语的能力正变得越来越稀缺。掌握了它，你就会拥有巨大的优势。增强自己的沟通能力，这对你的职业生涯或增强创造变革的能力所起的作用是别的方式所无法比拟的。而沟通失败对你造成的损失，也是其他方式所无法比拟的。谁没有见过亲密关系因无法沟通而愈来愈疏远？谁没有因为无法清楚地与老板、朋友或同事沟通而遭受挫折？

对于一个公司来讲，沟通不畅所带来的经济损失不是数以万计而是数以亿计的。员工抱怨的事情中，高管们沟通不畅排第一位[②]；造成威胁生命的医疗事故中，医务人员之间的沟通不畅是事故频发的最主要原因[③]；而家人之间的沟通不畅则会导致青少年更易做出冒险的行为[④]；我们每天收到的信息量都在成倍增加，但是面对面交流的质量却创下了历史新低。

我们大多数人每天将75%～90%的时间花在沟通上，却从来没有进行训练以使沟通更顺畅。对你而言，不能再这样下去了。可喜的是，本书中高效沟通的原则是普遍适用的。一旦你学会了这些原则，无论是面对一个小孩还是5000名听众演讲，你都可以运用它们。

—— 高效沟通的要求 ——

在以往的研究中，我们发现了一个有趣的事实：公司中职位越高者，集中注意力的时间越短。CEO们是不会浪费时间的。

你同样不能浪费时间。

所以，我们从不同的地方收集了许多材料，并将其提炼成一本包含核心原则的手册，这些原则可以立即增强你的自信心、提高你的影响力。我们借鉴了前人的大量作品：伟大的俄罗斯表演艺术家康斯坦丁·斯坦尼斯拉夫斯基，对需求分析有深刻洞见的心理学家亚伯拉罕·马斯洛，具有专业知识、激励人心的演讲家安东尼·罗宾。我们还从体育学、心理学、神经语言程式学、武术和表演艺术等领域汲取了很多的信息和灵感。

我们有意让本书保持精简和快节奏的特点，并为你提供丰富的实践演练，以期做好迎接星期一早晨的准备。不过，与沟通原则相关联的各个领域里有大量精彩的理论阅读资料。有关本书更详尽的资料、引文及推荐书目，请参见注释和参考书目。关于本书中性别代词的使用应该注意的一点是：为了避免尴尬地使用"他或她"这样的表达，本书中男性和女性的代词使用都是随机的。这些代词并不是有意传达任何有关男性或女性的特定信息。另外，全书的案例，我们都使用了化名。

本书也不是学习如何放松的。就像杰瑞·刘易斯所说的那样："如果你不紧张，要么你是在说谎，要么你就是个傻子，反正你不是个专业人士。"在重大场合，你绝对不会轻松，你也不应当放松自己。奥运会运动员、武术表演者以及百老汇演员，他们在上台之前都不轻松。在参与重大事情之前，每个人的能量都会急剧飙升。

是表演还是窒息？这取决于你如何运用自身的能量。不够专业的人将能量压制在自己的喉咙处，并会因恐惧而窒息。顶尖的演讲者会将能量转化为他已经准备好的信号，并且在呼吸时将能量释放出来。德国心理治疗师弗里茨·皮尔斯这样说："恐惧只不过是没有气息的兴奋。"你将学会如何将恐惧转变为兴奋的方法。

这种方法基于人类行为的原则。这些原则是普遍规律，如万有引力定律，不管身处何种文化环境，它们都与人类在一定刺激下作出的反应有关。就像好的烹饪材料一样，一旦你知道了运用这些原则的诀窍，你就可以根据特定的情况将它们用不同的方法结合起来。

本书不只阐述思想，还将思想付诸行动。我们阐释一个概念，向你展示它如何发挥作用，并且告诉你掌握它的技巧。如此训练的目的不仅是想提高你的沟通技巧，而且是要对你的人际关系质量产生直接的、革命性影响。

怎样才能利用本书学会沟通呢？

高效沟通要求做三件事情：

1. 制定清晰的策略。
2. 实践。
3. 反馈。

本书将会告诉你策略，但是我们不能代替你去实践——你必须自己完成。如果你希望自己肌肉发达，那么你就得去体育馆实实在在地练习举重。只有想法而没有行动是无法实现自己目标的。

你还必须从听众那里得到反馈。当你们沟通时，唯一重要的衡量标准是听众的体验。没有得到反馈而试图提高你的沟通技巧，就像让一架没有引擎的飞机起飞一样——你没有在绘制的航线上标记必需的信息。本书附录1中的表格可以使你的反馈过程更简单、更具体。问问你的同事，聘请个教练，请求你的朋友帮忙或给我们致电。无论如何，都要得到反馈！

在本书内容之外，我们还为你设计了多维的学习体验，包括看到、听到以及实践相交叉的内容。所有这些补充材料都可以通过下载获得。在你开始第一章之前，打开网址http://www.standanddelivergroup.com，可以看到使用本书的一些提示。此外，该网站上还有一些附加的表格、音频资料，以辅助你对本书的阅读。

与其他学习一样，能否成功取决于你的努力；阅读本书，就像你正在参与我们的训练，将我们视为你的教练一样。投入培训、信赖本书，让自己向成功靠得更近。多做活动、积极练习，将网上的表格下载下来填好。要甘愿突破你的客观局限，这样，你就可以发展出新的能力。

—— 如何实现高效沟通 ——

要想实现高效沟通，你只需掌握三件事情。它们是：

1. 演讲内容。
2. 演讲风格。
3. 演讲状态。

三者共同发挥作用，如下图所示：

第一篇关注的焦点是演讲内容，这是你想要传达的所有信息的综合。学会如何快速形成一个明确而清晰的思想结构，引领你的听众度过一次难忘的情感体验。

第二篇是关于演讲风格或表达策略的。你将了解专业人士运用的有关表演的原则——如何使用你的身体、声音、眼睛以及双手，让它们自然地传达

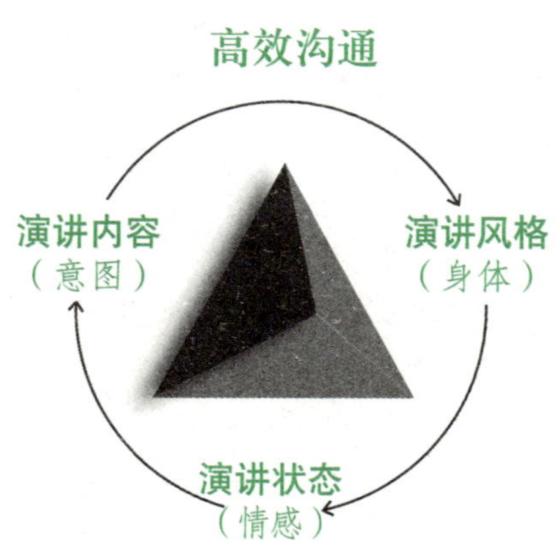

你的信息。运用本书相关下载资料中的发音技巧，你将扩大声音的使用范围并且使声音的运用更加有效。

第三篇是前两个部分的驱动因素，即你的状态。状态指的是你说话时内心的感觉，它是沟通当中最有力但也是最容易被忽视的部分。状态要比你的语言更重要。每一位专业的表演家在登上舞台或进入场地或步入会议室之前，他们都有办法将自己的身体系统推动到最佳状态。高效沟通人士会调整他们的状态，以使其与重大场合的氛围相一致。

第四篇教你将所学到的原则运用于特定的场合。你如何进行一次艰难的面对面的交流？如何运用新技术的帮助——不同的媒介如电话会议、视频会议或电子邮件，哪一种才是最有效的方式？当所有人都盯着你并且群情激愤的危急时刻，你如何进行沟通？

最后，第五篇将为你提供一些强大的工具，它们将帮助你创建一个引人注目的愿景，设法获得并明确你在人脉圈中的位置，并且增强你与他人协作和共同创新的能力。

—— 从现在开始 ——

你阅读本书可能是基于以下某个原因：

❶ 你已经从沟通中获得想要的结果了。从以往的成功中获得的甜头使你想进一步提升自己。你明白出色的沟通能力是职位升迁的决定性因素。对于你来说，本书会促使你的潜能得到进一步提高，并且会为你的突破创造条件。

❷ 你曾有过当众讲话失败的惨痛经历，抑或你害怕有这样的经历。可能曾经发生的某些事情让你产生了刻骨铭心的痛苦记忆，因此，你决定不让历史重演。这种痛苦促使你获得了一些专业知识，可能你已经确定有些东西阻碍了自己，并且这种阻碍来源于自己的说话方式。因为你还没有学会如何快速有力地将思想表达出来，这不利于你树立威信，也会妨碍你的发展。本书会帮助你找出这些无效的习惯，让你摆脱不良的说话方式。

无论是基于以上哪种原因，为了自己的演讲能力更进一步，你需要知道两件事情：

❶ 你现在的演讲水平如何?

❷ 你希望未来自己的演讲水平达到什么程度?

为了明确这两点，请填写下面的自我评估表。这个表格会详细反映出你哪些方面做得不错，以及哪些因素拖了你的后腿。仔细阅读每一个问题，然后给自己打分，最后算出总得分。要严格、诚实地按要求操作。

自我评估

演讲内容	
根据如下标准评分： 几乎总是 5分 通常情况下是 4分 有时候是 3分 通常情况下不是 2分 几乎从来不是 1分	
	对演讲内容做了精辟的分析和深入细致的考察，并用证据和例子来阐明和论证我的观点。
	我说话时富有激情、充满智慧，能满足听众的需求。
	演讲中，运用故事和生动的比喻帮助人们感觉到、看到我正在描述的事物。
	演讲首尾呼应，浑然一体——既强调了我的关键点又让听众很满意。
	开头很少说我自己的事情，而是讲听众在乎的内容，且能打动听众。
	我的演讲像讲故事一样展开，而不只是展示一系列的幻灯片、罗列一系列的要点及数据。
	通常我以一个主题或中心句开始谈话或演讲，并在整个过程中加以强调。
	我以一种连贯、完整的叙事方法组织我的思想，并环环相扣，让听众更容易理解。
	我讲话简洁，从不喋喋不休、拖沓冗长，听众听完后都很清楚我说的是什么。
	我注意自己说话的对象。我知道自己演讲的原因、清楚自己想从特定的观众或听众那里得到什么。我的听众会逐渐被打动，并产生新的见解、决定或行动。
	我的语言鲜活生动、易于理解。我很少使用模糊不清或容易产生歧义的行话、缩写词或陈词滥调。
	演讲内容总得分

演讲风格	
根据如下标准评分： 几乎总是 5分 通常情况下是 4分 有时候是 3分 通常情况下不是 2分 几乎从来不是 1分	
	对他人讲话时，我会全身心地关注听众的细微变化，我能看到并且理解听众的反应，在需要时适时调整自己。
	在一大群人面前我能自如地运用手势，从来不会感到尴尬。
	我总会倾听人们的诉说，并表现出我很在乎他们的想法。
	我会在精神上和身体上都做准备，这样，无论我面对一个人还是一百个人讲话，都会处于最佳状态。
	演讲开始时我会和他人建立融洽的关系。进入正题之前，我会以可与听众产生共鸣的话题开始演讲。
	讲话时，我会坚持用眼神交流。
	我的语言和音调是温和的、有个性的、口语化的。
	我运用幻灯片、讲义或其他媒介作为我演讲的辅助工具，我不会让幻灯片显得比我自己还重要。
	讲话时，我知道如何运用节奏、音调和音量来表现讲述内容的细微差别与变化。
	演讲风格总得分

现在，完成下列步骤：

❶ 将各项得分相加，你将获得两个总得分：一个是演讲内容的总得分，一个是演讲风格的总得分。例如，你的演讲内容得分为30分，演讲风格得分为20分。

❷ 将你的得分标在下面的演讲效果网格坐标图上。纵轴（Y轴）代表演讲内容，横轴（X轴）代表演讲风格。标出你的得分所在的点。

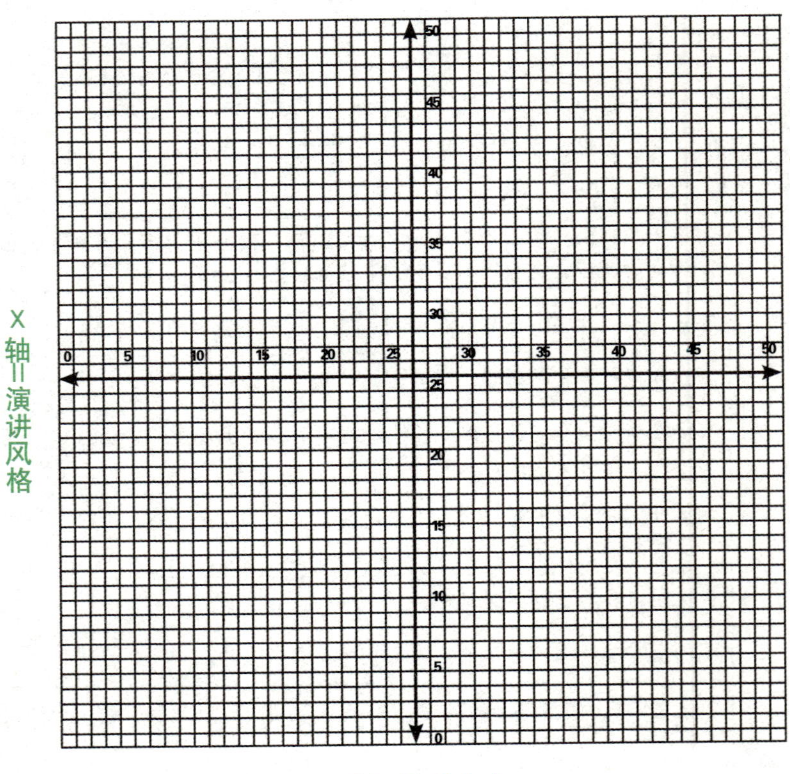

分析你的得分

如果你的得分坐标点位于左下方，那就麻烦了。说明你在演讲内容和演讲风格两方面的得分都比较低，听众可能难以理解你的思想，也难以接受你的风格。因此，他们会对你的讲话不耐烦。更糟的是，他们会走神、犯困，甚至发怒。不管是在演讲内容还是演讲风格上，你都得努力。

如果你的得分坐标点位于右下方，即演讲风格总得分高，这意味着你的表达方式——你的手势、表情及声音，对听众来讲很受用，但是你的演讲缺乏实质的内容。你需要进一步努力，使演讲更加清晰、切题、简洁。尽管此时你的演讲打动了听众，得到了听众的欣赏，但是，听众并没有从中获得智力上的滋养。

倘若你的得分坐标点位于左上方，即演讲内容方面的总得分较高，但是演讲风格的总得分较低。那么，你的演讲思想性很强，但是你的声音和身体并没有相应的变化来支持你要传达的信息。你阐述的观点明确，材料组织得当，内容也有针对性——但是你的演讲风格可能是苍白、沉闷的，听众很难与你持续互动。听众要想听到你的好想法，得费很大劲，这让他们备感沮丧，因此，这种情况也是危险的。最糟糕的是，到一定程度，单调乏味会产生负面的影响。

如果你的得分坐标点位于右上方，这说明你的思想明确，内容切题，组织良好。你的演讲方式富于变化、风格令人瞩目。在演讲时，你的能量、激情运用得恰到好处，清晰的思维给听众带来了价值。你不仅在激励人们，而且正在创造你想要的结果。听你演讲之后，人们都准备行动——去做一些事情。这就是高效沟通。

下一页的图形是对演讲效果网格图更全面的分析。

注意：你的得分越接近任意象限的中心，说明你对听众产生的影响越温和。你的得分坐标点越向外缘移动，你对听众所施加的影响就越极端。换句话说，如果你的得分坐标点位于“沮丧”象限内，并且接近X轴和Y轴，这说明你的听众是轻度沮丧的。而如果你的得分坐标点位于外缘，这说明他们听你讲话时对你恨得咬牙切齿。

还要注意的一点是，右上方是唯一表示你能获得积极结果的象限。得分点位于其他任何一个象限的演讲都会给听众带来负面的体验。

演讲效果网格图分析

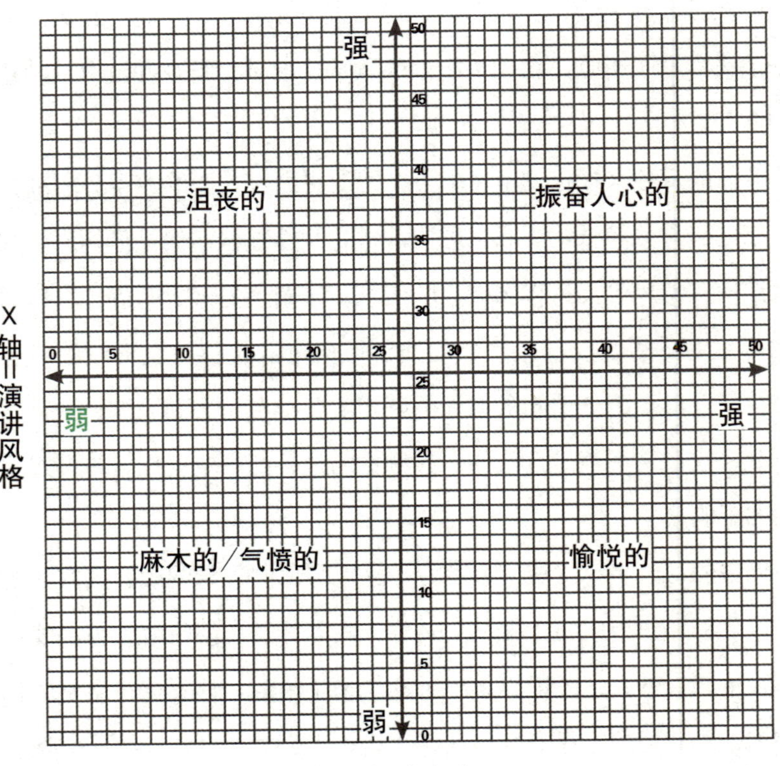

听众的感受

沮丧的	振奋人心的
很棒的内容 单调的姿态 听众对内容很感兴趣，但专心听讲很困难	很棒的内容 绝佳的姿态 听众受思想的激励并想采取行动
麻木的/气愤的	**愉悦的**
空洞的内容 单调的姿态 听众昏昏入睡，或一边假装听讲，一边做其他事情	空洞的内容 绝佳的姿态 听众乐于听讲，但那不过是在打发时间

下一步如何做

❶ 如果你想得到提高，那么需要制订一个清晰且必须达成的目标。在工作、家庭中，你想与家人、同事、朋友形成什么样的关系，收到什么样的效果？为了达到这样的目标，在演讲效果网格图中，你的沟通得分坐标应该在哪一点上？在该点处标上X（注意，这一点应当位于右上方的象限中）。

❷ 将你现在的得分坐标点与你的目标得分点X连接成一条线。

❸ 注意观察这条线的角度。如果该线是垂直的，说明你需要在演讲内容方面多加努力。如果这条线是水平的，那么你应当在演讲风格方面多费心。如果该线是倾斜的，那么不论是在内容还是风格方面，你都有待提高。

让这一分析指导你阅读全书。它会告诉你应当优先关注什么事情。这样的分析会让你明白，你最需要学习和提高的是什么，使你在学习课程中能更有针对性并有所创新。我们非常希望你得到想要的结果。如果你的时间有限，可以直接进入你最需要提高的那一部分。

但是，演讲内容、演讲风格及演讲状态三个部分是互相联系的。如果想在沟通中有所突破，需要同时掌握三个方面的内容。

如果想要更进一步地进行更高水平的自我评估，我们在本书后面的附录1中提供了其他的工具。那是一份评估报告，你可以将它分发给你认识的人，这样你会对听众对你演讲的体验有一个非常全面的了解，得到的结果会让你感到惊奇！利用这些反馈的数据，你可以确定那些需要掌握的技巧的优先次序。

经过20年从事培训指导的工作，我们明白了一点：当你学习新知识时，一次只掌握一种技巧很重要。不要试图一次就学完所有东西。将本书放在你的案头，不时翻翻它，把它当成手册、指南及参考工具书。像身上的肌肉群一样，你所掌握的一系列技巧会随着时间的推移在实践中得到增强。如果你要在48小时之内就踏上讲台，那么直接进入演讲风格部分并且以状态部分结束。如果要你在一周或者更长的时间之后才发表演讲，那么就从演讲内容部分开始，然后转入演讲风格部分并以演讲状态部分结束。

—— 我们对你承诺 ——

如果你的时间并不紧迫，那么，就从全面的自我评估过程开始吧。评价自己，然后请你身边的关键人士帮助你全面完成附录1中的评估表。在30天的时间里，运用和实践这些技能，然后，向他们再次发放评估表。

对比两次的结果。

你将对发生的改变惊叹不已——我们敢保证。

现在，就让我们开始吧！

注 释：

① 丹尼尔·格尔曼：《情商：为什么它比智商更重要》纽约：班坦图书公司出版，1995年。

② 《欧维希国际市场研究咨询公司研究发现："在工作中缺乏沟通对员工的积极性打击最大"》，美国商业资讯网，2007年11月7日，网址：http://www.allbusiness.com/labor-employment/labor-sector-performance-laborforce/5307054-1.html.

③ 丹尼斯·索恩比：《开启熟练沟通之旅》，《美国重症监护护士协会高级重症监护》，第17卷，第3期，（2006年，7—9月），266—271页。

④ 潘妮·威尔士、葛兰·A. 格林伯格、约翰·库索利托：《当代青少年研究：沟通不善是“现实差距”的一大原因》，网址：http://www.sadd.org/teenstoday/teenstodaypdfs/survey.pdf.

第一篇
演讲内容

精心准备 · 巧设结构 · 善用技巧

Part 1

演讲内容就是你要说的东西，指文字、图片、故事、统计资料、比喻、信息、饼状图以及数据按照一定顺序组织在一起，从而产生某种意义。

什么样的内容才是绝佳的内容呢？

让我们从常犯的错误入手。参加我们培训的学员来自全球26个国家，他们都抱怨自己曾经历过可怕的演讲，这些演讲总会具备以下一个或多个特征：

1. 信息量过大。
2. 与听众不相关。
3. 观点不明确。

就演讲内容而言，我们自身认知出现的问题是最大的挑战，因为大多数时候，我们谈论的都是自己想说的内容。说得对吧？我们大谈自己的观点，就好像听众也觉得这些观点很重要似的。我们也可能试图添加能想到的所有数据，而这只不过是想向听众展示我们有多聪明。

但是，这样做并没有什么效果，因为听众不会自动对你说的内容产生兴趣，他们并不在乎你可以说出多少事实。听众只关注自己。你说的这些对他有什么用处呢？如果你正试图影响他人，那么，起作用的并不是你想说的内容，而是听众想知道、想感觉到的东西。进行高效沟通的人会提出这样一个问题：听众需要得到什么内容才能作出新的决策？

在组织演讲内容的过程中，为了帮助你完成这一抽象却关键的转变，我们看看一些人提供的反面例子，约翰需要激励他的听众提高团队绩效，他是这么说的：

大家好，我叫约翰·史蒂文斯，是这里的高级副总裁。我想说，今天能站在这里很高兴，我已经在这家公司工作16个年头，期待这一天已经很久了。我确实对此充满热情。我只想说，过去我是那种经常说“这可能永远也做不到”的家伙。我以前从来不相信我们能获得如今已有的市场份额。因此，今天，我想让你们知道我对我们即将要做的事情是多么激动。我想让这里的每个人都作出承诺。我想让你们今天从这里走出去之后准备好承担重任。我知道我们可以做到这一点。运用新技术，再加上我们每个人的全情投入，本季度我们的市场份额要从10%提高到15%。我知道我们可以实现这一目标。

他讲得怎么样？他说的话对你产生激励作用了吗？恐怕不会！为什么呢？因为整个讲话中，约翰谈论的始终是他自己。除了约翰本人，没有人会在意他说些了什么。

为了影响听众，你说的话应当符合他们的需求。你的内容应当聚焦于他们最关注的东西。现在，想象一下，约翰发表了他的另一次演讲。这一次，他不只关注自己想说什么，而是为了产生激励作用，十分注重听众想知道什么、想感觉到什么。

对你们许多人来讲，今年是艰难的一年。我们这个团队取得的成就已经证明了你们的毅力和承诺。我们的市场份额提高了，我们的产品正在改变更多人的生活。这一成绩的取得只依赖一件事，那就是你们的努力。谢谢你们！现在，尽管我们仍然在竞争中保持领先，但是对手就在身后不远处，且正向我们不断靠近。所有人都记得当我们遥遥领先于对手时我们是多么的自豪。现在，我们必须比以前更加努力地工作，体现出我们对客户的服务是首屈一指的。现在是利用企业已创文化、已定战略及已得声誉，显示我们本色的时候了。我们每天都要努力，向人们展示我们的产品和服务仍然是市场上最好的。你们会与我并肩作战吗？

我要指出一个重要区别——我们不是让你以一种谄媚或操纵的方式对你的听众说出他们想听的内容。我们说的是，首先从听众入手，传达与他们相关的信息。你向自己提出的问题不是“我可以向他灌输多少信息”而是“要让他采取行动，他需要知道和感觉到什么”。不要用数据对听众进行轰炸，

要学会如何快速地形成清晰的思想结构，从而引导听众经历一种体验。本书第一章将向你介绍准备的过程；第二章着重讲说话的体系结构；第三章探讨一些特别的技巧，你可以使用故事、比喻、生动的语言、重复及问答等技巧，使演讲更加丰富。

第一章 精心准备

为什么要在准备上花时间？因为，如果没有准备，你的沟通就不是意向明确的——你只不过是将你所想的大声说出来而已。倘若是在社交场合，这么做无可厚非，但是如果你正试图让别人完成某些事情，你就需要制订相关的策略了。

确实，有的人早上一从床上爬起来，满脑子就是才华横溢、优美动人的句子，他们只不过张张嘴，一整天都能毫不费力地将清晰而富有洞见的思想传递给他人。

但是，剩下的我们这些凡夫俗子，就不得不事先进行准备。

在想好说什么之前，你需要知道为什么要说这些话。如果身处领导职位，也许你每个星期要接触好几百人。如果不准备，你很可能会想当然地只谈论自己想说而非听众需要知道的内容。如果你没有换位思考听众的需要，那么你的努力可能只获得很少的回应。这对你的声誉及个人形象是否有益就很难说了——甚至可能坏处大于益处。我们每个人平均一天说的7000个词中，可能鲜有产生实际影响的词——只因你没有制订好策略。

你可以将演讲活动比作一次晚宴。你邀请人们参加晚宴，肯定不会等到他们来了之后才打开冰箱看里面有什么东西。如果你是一位好客的主人，那么，你会花些时间思考客人的情况：谁会来？什么时候来？准备哪些菜合适？你不只是准备一顿饭而已，你还在为客人提供一种体验。为了这次晚宴，你需要考虑下列因素：有多少道菜？准备什么酒？如何在高潮时以极好的甜点结束晚宴？答案都在你的准备过程中。

沟通也是如此。

下图展示了准备过程的三个步骤：

❶ 结果。

❷ 关联。

❸ 要点。

准备

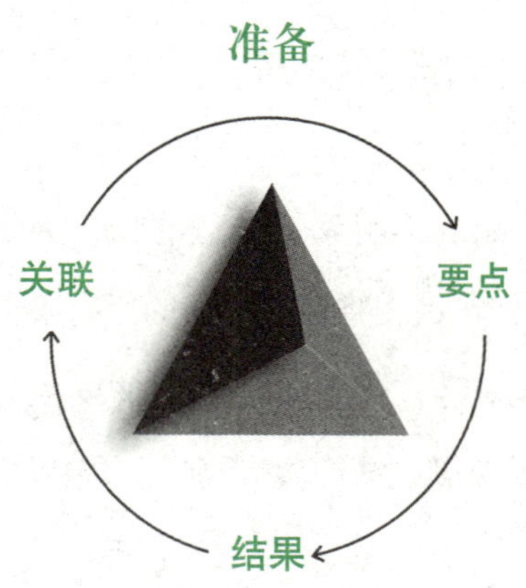

如果你要在很短的时间内发表演讲，可能觉得来不及准备。但是我们教给你的准备过程将会节省你的时间。一旦你掌握了其中涉及的原则，随着说话艺术的进步，这些步骤会帮助你成功。

这三个步骤的设计，也可以帮助你避免人们经常对演讲内容的抱怨：演讲太长，与听众无关，或没有什么要点。在下次进行电话交谈之前，花30秒在你的脑子里过一遍这个准备过程，那你演讲的影响力将产生质的变化。

让我们进一步看看准备过程的三个步骤：

1. 确定你想要的结果。你想要获得什么？
2. 找出关联性。为什么听众要关注？
3. 要点明确。在令人难忘的语句中，你要传达的信息是什么？

—— 结果：带着目标去演讲 ——

你想要什么结果？如果不明确这一点的话，你的演讲仅仅是在传递信息，或者更糟糕的是，你正试图将自己知道的所有事情抛向你的听众。

在对话或者演讲结束时，你想要一些事情发生。那么，在你开始谈话或演讲之前，你就需要知道这些事情是什么。如果你不知道，那么肯定得不到它。

一次有效的对话可能会产生三种积极的结果：

1. 你的听众洞悉了你的观点并转变了自己的心态。他体悟到之前未曾体悟到的一些东西。

❷ 你的听众因为这次对话有了新的决定。决定可能是当场作出，也可能是在对话之后作出。

❸ 你的听众采取了行动。他当着你的面确实做了一些事情：签署表格，在支票上签字，说了声“好”。

你想要什么呢？回答得具体点，然后把它写下来。答案越明确，你成功的可能性就越大。用眼睛看着它，用耳朵倾听它，用指标量化它。

记住，检验成功的标准取决于他人的行为。因此，总要以听众的行为来判断你的成果：“这次讲话结束时，我的听众（们）将会理解/决定/实施……”

例如，“谈话结束时，丽莎将同意加入我们的团队。”“演示结束时，董事会将通过我们的项目。”

理想的结果是很具体的。“让利益相关者更多地投入”，这样的表述太笼统。“谈话结束时，董事会将同意向我们的一期项目提供资金”，这样的表述才是具体的。“跟我的孩子谈谈有关毒品的事情”，也是笼统的。具体的表述应当是：“谈话结束时，我儿子会如实地告诉我，他是否吸食毒品了。”

陈述你的结果时，尽量避免类似以下的开头：“他们将更理解……”“我将告诉他们……”“他们将知道……”“他们将考虑……”这样的开头会让你的表述含糊不清。

你的结果应当是可以实现的。它们是在你发言的时候就可以实际做的一些事情。一次对话不可能让一个公司转型，但是对一个幻想破灭的团队来说，一次演讲可以重塑其精神风貌。你要找到一种方法，让自己想要的结果可以被验证。你要能够检查自己取得的进步，并且知道是否已经实现了目标。

避免在开头使用“我……”“我想要告诉他们……”“我想要分享……”“我想要证明……”这样的结构。这些都是策略，而不是结果。这样的表述都是关于你的，而你并不是听众。身处领导地位的任何人都要服务于他的听众，讲话的内容都得与听众相关。最后，你的结果应当是令人信服的。你需要用紧迫感和激情来激励自己和听众。

尚恩

大三时，我决定不再去上那些必修课。相反，我翻看了课程目录，挑选了那些听起来最有意思的人类学、社会学、戏剧、英语、新闻和媒体的所有课程。我写了一个学位说明（叫做“表演中的文化信念”），将我选择的所有课程都联系起来。然后，我去见人文系的主任。

“假如您能签署这页纸，允许我修完纸上列出的这些课以完成学业，我向您保证，今后再也不会麻烦您了。您再也不会看到我，而我再也不来找您问问题了。这是您最后一次见我了。”

“你真能做到吗？”他问，“我再也见不到你了？”

“我发誓。”我说。

他在纸上签了字。两年后，我完成了纸上列出的所有我自选的学位必修课程，毕业了。结果，我成了为数不多的能将所学运用于实践的人之一。我发现在每天的生活、工作中都可以运用它。通过此事，我也明白了：如果你明确地知道你想要的是什么，获得成功的概率会大大提高。

因此，你要明确自己想要的结果，清楚地知道自己想要让什么事情发生。现在是让你想要的结果变成现实的时候了。要做到这一点，我们将要详述“结果”的概念。

你想将听众从A点移动到B点。听众为了作出转变，必定有一些东西需要向你学习，这些东西就是你演讲内容的基础。想象一下在你的结果标题下有一个小小的下拉式菜单：为了取得你想要的结果，听众需要知道哪三件事情？

我们大多数人会陷入一个误区——列出一个长长的单子，想告诉其他人一连串的事情。但是，如果你严格要求自己，就可以将它们归纳为三件事，不是七件，也不是十二件，而是只有三件。三事原则将会确保你远离人们抱怨演讲的第一项：信息量过大。

现在，假设你正试图激励和鼓舞一群人更加努力地工作，争取超过上一年的业绩——但是你无法给他们更高的工资。在这种情况下，他们需要知道些什么呢？

他们需要知道以下三件事：（1）新产品套装的上市时机实属千载难逢；（2）与往年相比，今年给他们增加了新的工具设备；（3）你将身体力行帮助他们介绍产品、拜访客户并促成交易。

做得不错，现在你已经清楚他们需要知道什么了。但是，人们是严格根据他们知道的事情作出决策的吗？当然不是。

世界神经科学的相关研究已经揭示，在作出决策过程中大脑是如何发挥作用的。神经学家安东尼·R. 达马西奥讲述了“艾略特”的故事。艾略特是一位功成名就的律师，因为肿瘤接受了大脑右侧切除手术。手术后，艾略特在许多方面都正常如初，但是，他不能再作任何决策了，即使是最简单的决策也无法作出。[①]

达马西奥的研究首次证明了，人类的决策不是经由处理数据和信息的左脑作出，而是由处理故事、情感、色彩以及幽默的右脑作出，这一点与人们的预想正好相反。

该研究结论产生的影响无疑是惊人的。

仅仅向他人提供信息是不够的——因为我们并不是基于逻辑，而是根据感觉作出决策。倘若你不是对着负责感情事宜的一边大脑说话，那么，你就不是对着决策者说话。你可能展示了很棒的数据，但是，如果你没有激发他人的情感，那么，你就得不到自己想要的结果。

用商务咨询专家和作家艾伦·卫斯的话说就是：“逻辑令人思考，情感促人行动。”[②]

因此，在战略性的沟通中，我们在成果下面的下拉式菜单中增加重要的一项内容：为了取得你想要的结果，听众需要感受到什么？

这是演讲的关键部分，但人们很少会注意这一点。明确你想要听众有什么样的情感体验，并为推动其产生这样的情感体验作准备。

从你脑海里向往的结果开始：“我想让听众最终体验到什么样的情感？”你想让他们满怀希望？备受欢迎？抑或是让他们激动、放心、受启发、厌倦、受照顾、下定决心、乐观、谨慎？请写下你的答案。

然后选择另一种情感，这种情感要与之前的那种情感相对照。这样的对照是很重要的，因为千篇一律会导致单调。帕瓦罗蒂能唱出完美的C调最高音，但是，如果他连唱60秒不停，恐怕你就想把自己的耳朵摘下来了。如果你想启发听众，整个演讲过程中，你像个不间断跳舞的啦啦队队长，是不会有什么效果的。你刻意作出的努力会令他们感到厌烦，产生负面效果。就像色彩一样，在对照之下，一种情感才会得到增强。

就如画家在作画之前，面前摆着完整的调色板一样，作为一名演讲者，你也有许多情感可以选择。清晰的解释，可以让听众萌生安心、平静、信任的感觉；警示性的寓言，能对听众产生推动力，特别是当你对即将发生的危险发出警告的时候。不要因为危险和威胁而远离深色的情感基调。

在需求的驱动下，人们寻求快乐，避免痛苦。当你正在对决策者施加影响时，你需要将好坏两方面都考虑到。你可能希望听众听完你的演讲后能感觉振奋、深受启发、重塑自信、感到放心。但同时，作为领导人，你也有责任告诉他们存在的威胁和风险。如果你是一名救生员，你看到水里有鲨鱼出没，你要告诉人们水里潜在的危险，因为这是你的工作。领导人通过以往的事例，明确现状，给大家指引未来前进的方向；通过谈论潜在的危险，听众有了紧迫感，这可能就是很有力的驱动器。但是，也不要用过了头，不要学那个喊“狼来了”的男孩。如果你将任何事情都描绘成紧迫的事情，你的信誉将很快受到影响。

要理解其中的奥妙，我们可以回顾一下历史上最出色的一次作战动员演讲：1940年5月13日，温斯顿·丘吉尔发表了他担任英国首相之后的第一次演讲。在演讲时，他说了这样的话：“我没有什么可以奉献，有的只是热血、辛劳、眼泪和汗水。摆在我们面前的，是一场极为痛苦的、严峻的考验。在我们面前，是充满斗争和苦难的漫长岁月……没有胜利，就不能生存。”可以看出，他的演讲使用的是黑色调。

但是，丘吉尔在结尾的时候转而使用了一种非常不同的情感色调。注意与他前面的演讲相对照，这使他的结尾更加打动人心：“但是，当我挑起这个担子的时候，我是心情愉快、满怀希望的。我深信，人们不会听任我们的事业遭受失败。此时此刻，我觉得我有权利要求大家的支持，我要说：来吧，让我们同心协力，一道前进！”

“等一下，”你可能会说，“我是个只对数字感兴趣的人，我真的需要与情感这种东西纠缠吗？有事实和数字不就足够了吗？”内容包含的信息当然是重要的，但是，数据只会影响人们一部分的行为，如果你要促使听众采取行动，你就必须考虑他们处理情感的右脑。

你可能还会想：“等等，这听起来太复杂了。我要做的只是告诉他们第二季度的业绩。”

的确，你可以那样做。但是，如果要求你重新打造你的团队，为什么你只扮演信使的角色呢？信使传递信息，领导者创造体验。因此，提升你的形象，创造一种有意义的情感体验。

总结起来，我们最新提炼出来的结果表述如下：

成果：谈话结束时，他们将决定/同意……

____

____

为了取得这一结果，他们需要：

知道：

1. ______________________________

____

2. ______________________________________

____

3. ______________________________________

____

感觉到：

1. ______________________________________

2. ______________________________________

既然我们已经明确了具体的结果是什么，接下来我们讨论说话的关联性。

—— 关联性：从听众出发去准备 ——

任何演讲者都可能犯的一个大错误就是，没有首先明确为什么听众应当重视你说的内容，而是直接向他们传达信息。如果没有人在乎你说什么，也就没有人会听你说什么。

通过问自己这个问题，你就会明白说话的关联性有什么意义：为什么听众要重视你的话？对他们来说你的话有什么价值？这就完成了三件重要的事情：

❶ 让听众兴致盎然、全神贯注。

❷ 直接向听众证明你心里装着他们最感兴趣的东西。

❸ 避免了听众发出“与我无关”的抱怨。

给你自己三个合理、充分的理由，说明为什么听众应当在乎你说的内容。你说的话对他们来讲有什么利害关系？他们会收获什么，失去什么？它为什么重要？将所有问题总结起来就是：“演讲内容的热度在哪里？”

关联性：为什么听众应当关注你说的话？你说的话对他们有什么价值？

1. ______________________________

____

2. ______________________________

____

3. ______________________________

____

—— 要点：清晰有力传达重点 ——

我们希望把自己知道的一切都告诉听众，因此经常没有说清楚要点。不知道要点是什么，我们就可能在演讲时喋喋不休。这就产生了糟糕的演讲让人反感的第三个核心问题——没有要点。

你可能花了一个月为演讲精心准备，可悲的是，尽管你很努力，但晚上听众的脑袋一碰枕头，就把你说过的90%的内容忘在脑后了。那么，你想要他们记住的是什么呢?

非常简单，你的要点就是你要传达的信息，将其用容易记住的一个短语或句子表达出来。如果每个人都能做到这一点，我们每个星期都能节省很多时间。这不是简化你的谈话，而只是将你的想法进行提炼和说明，使之成为一个简单的关键要点的过程，就像经过长距离飞行的箭头一样，它最终会射向一个中心点。不求悦耳动听，只要清晰即可。运用最直接的、最强有力的语言表达它：“如果我们要抓住这次机会，必须在接下来的30天里不断跟进。”“我们要负全责。”“我们需要对预算支出进行更严格的控制。”

在你开口说话之前要养成提炼要点的习惯，这是很好的练习方式。很多情况下，人们会问：“你的要点是什么？”如果你不能当场简洁、清晰地回答这一问题，那么，你的信誉可能会因此消失殆尽。

用一句话阐明你的观点:

____

____

____

____

____

—— 综合考虑：规划统筹列出大纲 ——

你已经完成了为任何谈话、演讲、电话拜访或写邮件作准备的整个过程。很少有人会在打电话之前停下手头的事情作一番准备，但是明确你的结果、找到关联性、提炼你的要点花不了多长时间，却会极大地提高你的影响力。从长期来看，这样做也会节省你的时间。一分钟的准备，能将一场可能艰苦、冗长的谈话变成一次有效、简洁的交流。试试看吧。

专家提示 下次打电话之前，花三分钟时间进行准备。你想要获得什么结果？

下面为你提供了一份沟通大纲，它适用于任何谈话的准备过程。你也可以从我们的网站下载一份新表格以备将来使用。在这份大纲中添加了一些要素，下一部分的内容会对这些要素作出解释。

沟通大纲

听众是谁：

____

____

步骤1——结果：谈话结束时，他们将……

决定/同意

____

为了取得这一结果，他们需要……

知道：______________________________________

1. ______________________________________
2. ______________________________________
3. ______________________________________

感到：______________________________________

1. ______________________________________
2. ______________________________________

步骤2——关联性：为什么他们应当在乎？

1. ______________________________________
2. ______________________________________
3. ______________________________________

步骤3——要点：用一句话表达你要传达的信息是什么？

____

经典的叙述结构

坡道：从目的开始	**发现要点**：从听众需要知道的内容中获得要点	**甜点**：故事

例子

假设你是一家大型企业的人力资源部部长。为一个开发项目制订领导力发展计划，你需要高层管理团队批准已制订的预算。如何为你的演讲准备一份大纲，以下为你展示了一个例子。

沟通大纲

听众是谁：

高级管理人员

步骤1——结果：谈话结束时，他们将……

决定/同意

为提出的领导力开发项目拨款二十万美元。

为了取得这一结果，他们需要……

知道：

1. 在未来五年内胜任高级管理职位，我们目前的经理人尚没有做好准备。
2. 该项目实施带来的利益。
3. 实施该项目的成本。

感到：

1. 对于未来的领导力，我们的公司还没有一项规划。对此，应有一种紧迫感。
2. 对于新项目感到很振奋。

步骤2——关联性：为什么他们应当在乎？

1. 因为如果我们不培养下一代的领导人，整个公司的稳定性将会被破坏。
2. 因为他们为公司以及他们曾经创造的历史感到自豪，他们想为公司的发展竭尽全力。
3. 因为董事会已经特别要求为培养下一代领导人制订一份综合计划，名单上的这些人声誉卓著，为董事会所信任。

步骤3——要点：用一句话表达你要传达的信息是什么？

我们的未来取决于今天对未来领导人的投资。

经典的叙述结构

坡道：从目的开始	**发现要点**：从听众需要知道的内容中获得要点	**甜点**：故事

注 释：

① 安东尼奥·R. 达马西奥：《笛卡尔的错误：情绪、推理和人脑》，哈珀柯林斯出版社（HarperCollins），纽约，1994年。

② 艾伦·卫斯：《百万咨询》，麦格劳-希尔出版公司（McGraw-Hill），2003年，98页。

第二章 巧设结构

现在，你已经完成了准备阶段，请确保你的演讲关注结果，与听众有关联，并且要点明确。如果你正打算盖一栋房子，你刚见了客户，巡查了地基，并且得到了相关部门的许可。那么此时，你已经准备好开始动工了。

但是，你不能一开始就把砖垒在一起。首先，你需要知道砖应该放在哪里，这需要进行一番设计。因此，现在你应该综合考虑如何把自己的思想搭建在一起。庆幸的是，你之前做的准备工作会让你的思想体系架构得既快速且容易。

像创作任何一本书、一部电影、一出戏剧或电视剧剧本一样，你的讲话包括三个部分：开头、主体和结尾。每个部分都有不同的作用：开头是要引起听众的注意，交代听众听你讲话的理由。成功的开头会令听众的大脑活跃，让他们身体前倾，专心听你接下来会说些什么。作为主体的中间部分，会提供演讲的主要内容，从这里听众会得到他们需要的内容。结尾的作用是创造一种感觉。因为我们是基于情感而非逻辑作出决策的，所以激发听众需要的情感，感动他们，促使他们采取行动是最重要的一点。

在培训中，我们询问学员开头、中间和结尾哪一部分最重要，得到的答案经常是差不多的。大约一半的人认为开头最重要，另一半的人认为结尾最重要。几乎没有人认为中间部分最重要。然而，对于我们绝大多数人来讲，中间部分花的时间最长。

当然，事实是，开头、中间和结尾部分都很重要。就像一个三角形，倘若去掉任何一边，整个就会垮掉。但是，人们往往在不经意间忽略了开头和结尾。没有一个引人入胜的开头，就不会有接下来的演讲。听众会在短时间内决定他们是否全神贯注地听你讲话。如果你的开头呆板而不富于变化，那么在你的讲话到达中间部分之前，听众就已经在开小差了。如果你的结尾令人失望，听众也会很快忘记你之前的精彩内容。

因此，考虑到这些问题，为了让你可以快速、有效地架构起自己的演讲结构，我们在此提供一些建议：

1. 坡道（开头部分）。
2. 发现（中间部分）。
3. 甜点（结尾部分）。

如下图所示，我们将逐个介绍这些部分。

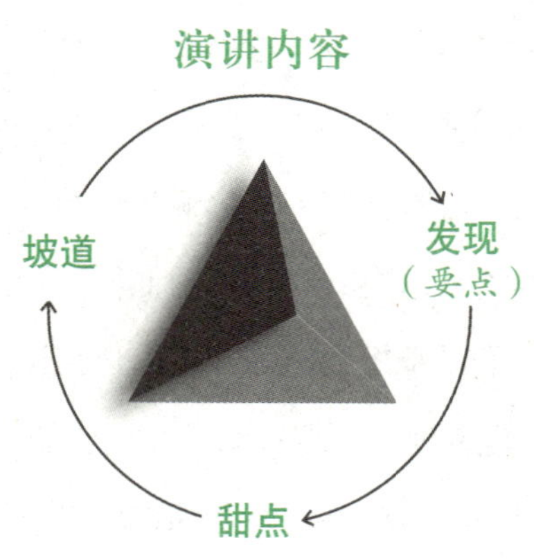

—— 坡道：巧妙开场，一句话引起听众最大兴趣 ——

大多数演讲者在开口说话之前，就已经犯了第一个错误。这是一个很关键的问题，它可能会令你说的任何事情都变得毫无意义。这个错误就是：你认为所有的听众都在听你说话，但事实上他们没有。

你不能认为，人们坐在椅子上就表示他们正关注着你。一种可能是：他们正想着周末去干点什么、晚饭吃点什么或在担忧当天办公室发生的事情。记住一点：在告诉听众听你讲话的理由之前，他们是不会在乎你说什么的，他们在乎的是自己的事情。你的开头要足够吸引人，他们才会停止看手机。在他们对你将要说的东西感兴趣之前，他们是不会抬头看你的。首先要考虑的是，你说的内容对他们有什么意义呢？

设想每一位听众都背靠椅子，双腿交叉，双臂抱紧，这是什么情形？这表明你的发言开头没什么要点。直到听众身体前倾，坐在椅子边上，急切地想听到你将说些什么，这才表示你说的话吸引了他们。做到这一点的方法，就是构建我们说的“坡道”。

坡道就是演讲时你一开始说出的那几个句子。它应当马上吸引听众的注意力，并有足够高的坡度，这样，无论接下来你说什么，都会引起听众的兴趣。这就像跳台滑雪，坡道会改变你冲击的角度，将你推送到一个更高的水平。在听众的脑海里，它会提升你讲话的重要性，将你说的内容放到一个更高的优先层次上。一旦你的听众开始关注你将要说的内容，那么他会一直倾听你后面的讲话。当他们倾听你讲话时，他们就与你真正在一起了。

如何建立一条坡道？非常简单，返回并且重读本书准备部分里关联性一节的内容。为什么听众要在意你的讲话？这一问题的答案就是，你的演讲要有一个绝佳的开头。

让我们重新审视一下前面例子中的关联性，看看它是如何发挥作用的。我们断定你公司里的高级管理人员对领导力培养项目很重视，因为：（1）如果他们不培养下一代领导人，整个公司的稳定性和可持续发展就会受到威胁；（2）他们对公司以及他们曾经创造的历史感到自豪，他们想为公司的发展竭尽全力；（3）因为董事会已经特别要求为培养下一代领导人制订一份综合计划，名单上的这些人声誉卓著，为董事会所信任。

利用听众在乎的这三个理由，将它们像珍珠一样串起来成为一条项链。这样做确保你一开口，就向听众证明了你很在乎他们的需要。因此，你可以组织这样的一个开头，或者说构建这样的一个坡道，如：

在座的每一位都为公司的成功作出了巨大的贡献。你们当中的许多人都是公司的创立者。你们一起创建了这家公司，在你们的努力下，公司成为行业里的佼佼者。但是，女士们、先生们，我们现在面临一个挑战：在接下来的七年中，你们中有35%的人会退休，而我们还没有储备好领导人，以便在未来带领我们前进。

这就好像我们的一次航行，在出发时有充足的补给让我们到达目的地，但是却没有充足的补给让我们回家。如果我们现在不采取行动，那么公司的未来就成败难料了。

在接下来的45分钟里，我将向大家介绍我们做的一些研究，这些研究将会告诉大家缺口在哪里，我们需要做些什么，以及这个项目需要的花费。在本次演讲结束时，我希望各位能表决同意资助这一意义深远的项目。

从上面的例子中，你可以看出，关联性是如何引出第一章结尾列出的沟通大纲中的坡道的。

将上例的开头与下面的开头作对比，后者更为常见。当你读这个例子的时候，注意自己的心理反应。

各位，早上好！很高兴今天能在这里演讲。感谢你们在百忙之中抽出时间来听我的演讲。在开始我的演讲之前，我要特别感谢马克·孔蒂先生，是他组织了今天的演讲活动。在进入正题之前我先介绍点琐事：卫生间在大厅的左边。我已经吩咐莱因将有关计划的详细材料分发给各位。她马上就会把资料发给大家。

我对领导力非常感兴趣，并准备了66张幻灯片，列出了我的团队以及我个人制订、实施此计划的过程，我认为我们制订的计划和步骤可以创造出非常棒的领导力培养项目。在接下来的

45分钟里，我将展示这些幻灯片，你们可以随时打断我，提任何问题，我将很乐意作答。

注意到什么问题了吗？在这个开头中最常用的一个词是什么？是“我”。听众关心的是谁呢，他们自己。这样的开头关注的是演讲者自己，而不是听众。我们是如何知道这一点的呢？因为在这段演讲中，“我”这个字出现了十二次，而“你（或你们）”这个词仅出现了两次。

还有没有其他问题呢？演讲者把宝贵的时间浪费在了无关紧要的琐事介绍上，在关键的前几秒就处于不利地位了。听众的注意力会从演讲者身上转移到分发资料的人身上。让人们随时打断演讲会削弱你的权威性，会让听众感觉你说的内容都不怎么重要，就算他们走神都没关系。而真正的大事或挑战，也是你如此紧迫地发表这场演讲的原因，却丝毫没有被提及。而且，演讲者在开头就告诉我们这次演讲用时很长，让人厌烦。不久，听众就会低下头摆弄手机。

你需要将注意力从自己身上转移到听众身上。历史上最成功的演讲者之一，亚伯拉罕·林肯曾经说过：“当我准备与一个人辩论时，我会花三分之一的时间考虑我自己和打算说的话，花三分之二的时间思考对手以及他将要说的内容。”

一个简单的、能确保你将关注点放在别人身上的技巧就是：掌握好使用人称代词“我”与“你（你们）”的恰当比例——这是帕特里夏·弗里普[①]发明的一种方法。在你的讲话中，用了多少次“我”，用了多少次“你（你们）”呢？

专家提示 掌握好"我"与"你（你们）"的比例。讲话中用一次"我"就要用十次"你（你们）"。

大多数人的讲话却是另一种情形。大部分人开口说的第一个字是"我"。这几乎是任何句子开头的第一个字，其使用频率仅排在"那个（that）"一词之后。人们使用"我"的频率是使用"你（你们）"的频率的十倍。不相信吗？你可以打开电子信箱，看看曾收到的信件以及已发送的信件就知道结果了。除非你是一位电影明星或正在讲一个非常动人的有关自己的故事（讲故事的技巧详见下一节），否则要慎用"我"这个人称代词。再次强调一下，听众在乎的是谁呢？他们自己。开口说话时用"你（你们）"，这样就有了一个良好的开端，因为你谈论的正是听众喜爱的主题。

设计你的开头时，切记要让它出众、干净、利落，要旗开得胜，因为没有时间让你浪费。你每天都在有意无意地作决策，决定对不同的事情投入多大的关注——你的听众也是如此。要吸引他们的注意，就得遵守演讲的这个原则。当你站在一群人面前发表演讲时，你想过听众在作出是否听你演讲的决定之前会在你身上花多长时间吗？一分钟还是两分钟？已有的研究告诉我们，你能利用的时间只有七秒。

专家提示 七秒法则：在听众决定是否关注你的讲话之前，你只有七秒的时间可以利用。

这情形很不妙：大多数情况下，在你开口说第二句话之前，七秒已经过去了。往讲台上走就用了一半的时间。如果在七秒的时间里，你只能说一句话，那么千万不要说“早上好”或“谢谢某人的光临”这样的话来浪费你的时间。明智的做法应该是，马上向听众证明你将带给他们的价值。说一些有意义的、有价值的话，向听众展示：（1）你理解他们的处境；（2）你到这里来是要帮助他们。

如果你确实需要唠些家常、介绍自己或这次演讲的议程安排，那么把这些事放在开场之后再说。议程安排不是开场白，“早上好，感谢大家的光临”不是开场白，告诉人们你能发表演讲有多么高兴也不是好的开头，这些都是可有可无的闲话。当人们听到这些话时，他们马上就收到了一个信号——接下来要讲的东西没什么重要性可言。

大多数演讲者在最初的五到十分钟之后才兴奋起来，才进入良好的状态。问题是他们变得兴奋需要占用听众的时间。在五到十分钟之后，你到达最佳状态了，可你的听众却早开溜了。他们可能依然坐在那里，但是并没有听你说话。你已经失去了他们，把他们拉回来要么已经太晚了，要么你得付出双倍的努力才能再次引起他们的兴趣。

因此，要有一个“干净利落的开头”。不说你的名字，不介绍自己，不寒暄，开门见山直接切中要害。

请再次欣赏下面的开场例子：

在座的每一位都为公司的成功作出了巨大的贡献。你们当中的许多人是公司的创建者。你们一起创建了这家公司，并且在你们的努力下，公司已成为行业里的佼佼者。但是，女士们、先生们，我们现在面临一个挑战。在接下来的七年里，你

们中有35%的人会退休，而我们还没有储备好领导人，在未来带领我们前进。

这就好像一次航行，出发时有充足的补给让我们到达目的地，但是却没有充足的补给让我们回家。如果我们现在不采取行动，那么公司的未来就成败难料了。

注意：上例的演讲中，没有“早上好”“感谢各位光临”这样的话。不要因为礼貌而进行毫无意义的寒暄，不要浪费听众的时间以示对他们的尊重，要尽可能快地吸引听众的注意力。

如果需要介绍自己，可以在你已经吸引了听众的注意力之后进行。

我是本公司人力资源部部长吉恩·格瑞恩，在接下来的45分钟里，我将向大家介绍我们做的一些研究，这些研究将会告诉大家缺口在哪里，我们需要做些什么，以及这个项目需要的花费。在本次演讲结束时，我希望各位能表决同意资助这一意义深远的项目。

看在上帝的份上，千万不要浪费最初那宝贵的七秒告诉大家厕所的位置。传统的建议总是认为演讲应该以笑话开头，我们认为开头要慎讲笑话，除非：（1）你认为自己是幽默风趣的——事实上也确实如此；（2）笑话有新颖的

形式和内容；（3）最重要的是，与你演讲的主题相关。

专家提示 开头慎讲笑话。

如果你一上场就讲了一个不好笑的笑话，那么还不如收拾收拾，直接打道回府得了。因为接下来，你将不得不花半个小时挽救自己的信誉，更糟糕的是，听众此时对你还很失望。如果你讲的笑话不是新的或者不是原创的，听众半个月前就听过了，那么他们就会自然地认为你接下来讲的内容也不过是老生常谈而已。如果笑话与你的主题无关，特别是在正式场合下，它会向听众释放这样的信号：接下来你讲的内容也与主题没什么关系。

有时候人们会说："我想把最好的东西留到最后。"但事实是，如果你没有把最精彩的内容放到前面并以此打动听众，那么听众无论如何也不会坚持到最后。在新闻界，我们将开头称为"引子"。"不要埋葬引子"，这是新闻学校传承的理念。记者们都明白：很少有读者会完整地将报纸上的故事从头至尾都看完。因此，开头就要抛出最精彩的内容。

专家提示 不要埋葬引子。倘若你没有在开头就运用好它们，那么它们就再也派不上用场了。机不可失，时不再来。

为架构你的坡道，下面简单列出了一些有用的开场策略：

❶ 以"你（你们）"开头。这样做会给你带来直接的好处，这说明你谈论的是听众喜爱的话题——关于他们自己的。直接而明确地表现出你理解和

在乎他们的处境及感受。

❷ 运用强大的统计数据，或者我们所说的“性感数字”。性感数字包含能给听众带来惊喜的元素，它们会让听众精神振奋并关注你说的内容。如果你任职于电信行业，你可以这样开头：“全世界有一半的人从来都没有打过电话，想象一下这对我们来说是多么大的机遇。”有关性感数字的更多例子如：大约20%的美国人从来没有发过电子邮件；到2012年智能手机的市场成交额预计会达到40亿美元——与四年前相比翻了两番；仅有4%的阿拉伯妇女使用互联网；十年之内，中国和南非的旧电脑所产生的电子垃圾会达到2007年的四倍，印度会达到五倍。

❸ 提出问题。“你们当中有多少人花了人生近一半的时间开会？”“有没有人知道1959年北极熊的数量是多少？现在的数量呢？”“你们当中有多少人认为你们孩子就读的学校应当做得更好？”

❹ 让听众感到震惊。加利福尼亚州州长杰瑞·布朗在2011年1月31日的演讲中就采用了这样的方法，他说：“加利福尼亚州正面临着一次真正的、史无前例的危机。我们每个人将凭借良知以及选民的信任制订一项合理的计划，让加利福尼亚州拥有良好的财政基础，实实在在地平衡我们的预算，重塑加利福尼亚州过去的辉煌。”

❺ 坦白。要表现得脆弱一些。“我一直害怕蜘蛛。一天，在会议室里，总裁让我收拾他在角落里看到的一只蜘蛛。天哪……”

❻ 运用“想象”这个词。“想象一下这种情况。三年前，新的体育馆已经落成，我们的队员刚刚拿了他们的第一个篮球冠军……”“想象”这个词具有不可思议的力量，因为它让演讲变成了互动式的交流。在演讲过程中，听众从被动的一方转变成了积极的参与者，成了思想和愿景的共同

创造者。

❼ 讲述历史逸事。“德怀特·D. 艾森豪威尔将军的军队被包围了，他派一名军士出去侦察。军士返回后，艾森豪威尔将军问：‘简单告诉我目前的形势。’那位军士回答道：‘想象一个面包圈，我们就是上面的那个洞。’我们目前的形势就是这样……”

❽ 讲故事。找出你数据里他人感兴趣的内容，将其作为重点利用对象。用人物将你的材料串起来，如“路易斯是我的一位客户。他打电话告诉我，如果我们在半个月内找不到解决问题的方案，他就要露宿街头了。”

有关坡道的更多例子，请见附录2。

—— 路线图：耐心引导，带听众了解演讲流程 ——

一旦你构建坡道并吸引了听众的注意，你就可以在开头部分添加第二种元素了，我们称这种元素为“路线图”。想象一下，你正驾车行驶在旅途中，为了让你的乘客高兴，你需要告诉他们目的地在哪里，你们将走哪条路线，以及到达目的地会需要多长时间。同样地，你的讲话路线图也应当说明三件事情：

❶ 告诉人们你的演讲有多长。人们需要知道他们得听多长时间，因此，

告诉人们这一点。“我将会用15分钟的时间做介绍。然后，我们用15分钟时间进行自由讨论，在此期间，我可以回答你们提出的任何问题。三点钟，我们的会议结束。”这可真是一种解脱！

❷ 让听众预览你的议程安排（要向听众保证你有一个议程安排）！“根据我们目前的领导力水平，我们将研究领导力的发展。从现在开始五年之内我们需要提高到何种水平，以及为了实现我们的目标需要做哪些事情。”

❸ 设定互动规则。人们都想参与进来。在演讲的过程中你想让他们提问吗？还是希望他们在问答环节再进行提问？如果你什么也不说，那么，可能会发生两种情况：（1）你什么问题也得不到；（2）你的讲话被打断。讲话的人是你，因此，你要掌控整个形势。即使你说“我利用15分钟的时间进行介绍，然后，会给大家15分钟时间进行提问。因此，“如果有问题，请等到提问环节”或“这是一次公开的讨论，请你随时提问”也不能保证人们不会打断你，但这确实有利于你更好地掌控整个演讲进程。

演讲者通常在提出路线图时会犯两个错误：（1）完全没有路线图；（2）完全吓着了听众。

考虑下面的路线图，注意一下你的反应：“今天，我将谈谈七个新兴领域的产品开发问题。我将介绍如何将新产品纳入我们的战略重点，如何对新产品进行营销，如何制订销售战略。我们还要研究它对公司结构造成的影响。我还要向大家介绍四位新的团队成员，最后，我要跟大家谈谈我们新的人力资源团队制订的新的领导班子计划。好，现在就开始吧。”

难道这样的路线图没有让你的心沉下去吗？我们已经筋疲力尽了！这位发言人用传送带向我们传递信息，我们却坚持不下去了。路线图要简洁——不要超过三项。哪三项呢？你的路线图里包含的三项内容将会是三个发现要点。要想知道它们是什么，请继续阅读、学习我们称为“发现”一节的内容。

发现：循序渐进，刺激听众主动发现演讲要点

你已经用坡道捕获了听众的注意力，并且用路线图告诉了他们目的地。你已经完成了开头部分，现在应该进入演讲的主体部分了。正如我们前面说过的一样，演讲的中间部分要提供知识。这样的知识可能是你将要提供的新信息，也可能是他们已经知道但需要强化的知识，但无论如何不能只是你碰巧下载下来放在幻灯片上的陈旧数据，也不能只是你想说的任何事情。它是为了达到你想要的结果，听众需要知道或发现的知识。

我们称之为发现部分，为什么是“发现”呢？因为从理论上来讲，你将要说出自己的见解从而刺激听众发现些什么，而不是强制性地将信息灌输到他们的大脑里。发现可能很简单，如一些人终于弄明白了一个一直令他们困惑的问题。它是脑部的一种兴奋活动——人们喜欢那种自己想清楚某些事情的感觉。“啊哈，原来如此。”他们会享受这样的感觉。

我们将发现部分浓缩为发现的三个要点，简写为PoDs。我们要求你严格将中间部分的讲话归纳为三个要点，即使你确定至少有17个要点需要阐述也得如此。

为什么是三个呢？三是个广泛使用的数字。三角形是世界上最稳定的结

构。坦率地说，人们想要处理的事情大约是三类，容易学习、容易记住的事情也是三类。已有的研究发现大脑并不是像录像机那样不间断地记录数据，相反，它会将信息进行有意义的分类、切割。将你的数据切割为三类，这意味着你已经对所提供的信息进行了整理，用听众的大脑想要加工的方式进行了整理。无论你要说什么，也无论你说的内容有多复杂，创造一个三要点的结构。人们在短短15分钟的谈话里，不可能跟得上7或12个要点的演讲结构。向听众以及你自己说明三要点，听众和你都能清晰地知道演讲内容。

想一想，如果你听到下面的话，你的心得有多沉，“我打算谈谈我们公司自创立以来的十六次大的进展……”请再来些咖啡提提神吧！现在想象一下演讲者这么说的感觉：“我将谈谈本公司的三个领导时代：我们的过去、现在以及未来”。看到了吗？简单、容易，带来一种解脱感。你知道你的目的地在哪里，并且听起来不吓人。领导人没有将内容简化，却将复杂的事情说得清楚明了。

富兰克林·德拉诺·罗斯福为我们提供了一个经典的例子：1933年3月12日，星期天，他进行了第一次新闻广播演讲，史称“炉边谈话”。当时正处于大萧条时期，全国民众处于焦急之中，他是这样说的：

朋友们，我想花几分钟时间同美国人民谈谈银行的情况。只有很少一部分人了解银行的运行机制，而绝大多数人把银行当作存款和取款的地方。我要告诉大家，过去这些天我们都做了些什么，为什么要做这些事情，以及我们下一步的计划。

注意他的路线图：（1）过去这些天我们都做了些什么；（2）为什么要做这些事情；（3）我们下一步的计划是什么。

将发现三要点当作寻找思想的摇篮。你所有的内容，包括数据、信息、故事、逸事、统计、引言、图标等，都可以分类放进这三个篮子里。这样的三个发现要点为你的演讲内容提供了一种结构体系。

例如，如果你打算向一组销售人员推出一套新的体系，那么他们可能需要知道：（1）体系如何运行；（2）这套体系在哪些方面可以帮助他们；（3）为了运行这套体系，他们需要做些什么？如果你跟一个处于青春叛逆期的孩子谈论喝酒和开车的事情，他可能需要知道：（1）醉酒驾车有什么危险；（2）你对他的期望是什么；（3）你允许其开车的承诺。

专家提示 无论你需要讨论多少事情，将内容进行分类，类别不要超过三种，或者说发现要点不要超过三个。

你怎么才能知道用三个发现要点中的哪一个呢？好的一点是，为找出它们你已经做了必要的工作。回想一下准备过程，为了得到你想要的结果，听众需要知道哪三件事情？对了，你认定的那三件事情就是三个发现要点。简单吧！翻开本书的44页，看看三个“需要知道”的事项是如何与三个发现要点联系起来的。

返回去并且将你的三个发现要点插入到路线图里。例如，在接下来的15分钟，我们将要谈论新的体系。我将向你介绍该体系如何运行，在哪些方面会给你带来帮助，以及为了运用该体系你们需要做些什么。

现在你已经分好三类了，接下来你就可以设计演讲的中间部分了。你可以运用故事、比喻、生动的语言和统计材料等来充实你的每一个发现要点。有关这些技巧的详细知识，请看本书技巧部分的内容。

—— 总结：强化重点，加深印象 ——

如果你的讲话已经超过了五分钟，在你完成发现部分的内容之后，听众需要一个总结。他需要你提醒一下，使他记得你前面讲的大致内容。简单作一个总结，重点是如何将相关部分融合在一起。最好是在问答环节之前作总结（下面会详细探讨），因为总结会提醒人们想到他们想要提问的内容，这样会促进交谈。总结应当是清晰、明确、简短的，但不能草草了事。如果你的演讲中有要求，那么先作总结然后提出要求。这是提出要求的好时机，因为如果你已经有效地完成了你的工作，那么，你就已经将听众带到一个最佳状态了。

下面是有关总结的一个例子：

今天，我们已经讨论了是否应当向我们学校的艺术表演投入更多资金的问题。（这是你的要点）我们已经明白了潜在的利益、也清楚了可能的投资成本，也解释了我们的五年规划，即要将综合性的艺术表演带到这个区里。（这些是你的三个发现要

点。）女士们、先生们，你们将要作出一个重要的决定。在你们投票之前，如果有什么问题请提出来，我会认真予以回答。

—— 注意：切忌以问答环节结束 ——

大多数正式的演讲都包含问答环节，我们认为这是一个好的做法，因为听众总是想与你进行交流、对话的。

然而，大多数人都将提问环节安排错了，他们将这一环节放到了演讲的最后，这真是个糟糕的做法！我们认为，永远都不要以问答环节作为演讲的结尾，否则就太冒险了。原因在于：

你费尽心力好不容易在演讲结束时将听众带到了一个最佳的状态，你做得很不错。你得意扬扬地结束了讲话，然后说："我们还剩下15分钟，有什么问题要问吗？"底下一片沉寂。"有人提问吗，一个问题都没有吗？"仍然没有人说话。你环顾四周，越来越感到失望："确定没有问题吗？"底下的每个人都局促不安，都不敢看你的眼睛。"那么，好吧，"你喃喃自语道，"我想我该结束演讲了。嗯，谢谢大家来捧场……"你看起来无比愚蠢，收拾完笔记本电脑之后，马上溜之大吉，最后的这一环节完全破坏了之前良好的效果。

还有更糟糕的：你的演讲很顺利。而到了问答环节，你碰到了咄咄逼人的提问者。你记得那个人吗？他身着条纹西装，衣冠楚楚，留着山羊胡，手里拿着一支红笔。他坐在底下听完了你的整个演讲，耐心地等待提问时间的到来。事实上，他并没有问题要问，在他心里只有一个自己的安排，那就是在大庭广众之下向听众证明他比你聪明，因为他发现了你讲话中的漏洞。他可能会问你这样的问题："你从哪里得到的数据？你说我们第三季度增长了12.6%，但是碰巧我知道仅仅增长了11.9%。"无论你多么巧妙地回答这个问题，你的信誉都会受到影响。（有关如何像公共关系部门那样处理问答环节，请阅读第三章有关技巧的内容。）听众目睹了发生的一切。你为了从情感上打动听众所做的一切努力都付诸东流。如果你已经带着听众踏上了一次情感之旅，此刻，你又快速地跌落了下去。

尽管有以上风险，我们仍然建议，演讲时尽可能地包含问答环节，它是与听众建立联系、建立互信的好方法。但是，你必须确保在问答环节之后有一个强大的结尾，结尾往往会产生令人意想不到的结果。人们会记得他们最后时刻听过的内容和体验过的感觉。一部电影的结尾应当是非常完满的，一本书的最后一章也必须是最好的。在一次沟通或演讲中，最后的三分钟必须将所有的内容连接在一起，将你的听众带到最佳状态。你邀请人们去自己家，用诱人的沙拉、精致的鲜汤招待他们，你会在用过烤牛肉之后就将他们扫地出门吗？当然不会！你会端上一些焦糖布丁或巧克力蛋糕让他们享用，以此圆满地结束晚宴。你的演讲也应当如此。问答环节结束后，你要以一个圆满的结尾来赢得听众的赞赏，我们将其称之为甜点。

—— 甜点：完美收尾，让听众记住你的演讲 ——

甜点是你重新控制演讲并确保以积极的语调完成演讲的部分。无论你在问答环节中遭受了多么重大的损失，甜点是确保你赢得最终胜利的锦囊妙计。

记得我们之前说过，演讲的每一部分都要各司其职吗？是的，结尾，或者说甜点的工作就是要引起听众的情感共鸣，创造一种感觉。结尾不是向听众传递任何新信息，也不是告诉他们需要知道另外一些事情的部分。听众的大脑此时已停止工作，已经等待上车离开了。这个时候不能强迫他们打开包裹，让你往里头再塞一些数据。你已经将所有的事实都告诉他们了，这个时候应当瞄准情感了。

强烈的情感会让你说话更具"黏性"，或者说更让人难忘。如果你的甜点非常好，听众将会永远记住它，即使他们已经忘记了你的数据，也忘不了你曾给他们的甜点。最好的甜点就是一则故事、逸事、一个比喻或想象。它应当在某些方面触动听众的情感，这样就会创造出一种感觉，会把听众和你联系起来。

你可以这样介绍你的甜点："在结束之前，我希望大家会有这样的想法……"然后，告诉大家这个想法是什么。它可能是你实际思想的体现。你可以讲处于类似背景下的其他人的故事，也可以回顾过去，举一个有关成功的产品的例子或你曾经倡议并成功实施的例子，也可以为听众描绘一幅未来图景："想象一下……"

甜点种类繁多，它可以是能给听众带来强烈情感共鸣的任何东西，也可以是能增强你讲话要点的任何想象。

例如：

蒂姆·特伯，《承诺》

在输给密西西比大学之后，他带领加利福尼亚大学队获得了全美橄榄球冠军。

在此向球迷以及加利福尼亚的所有人说声对不起，我非常抱歉。你们希望我们在本赛季保持不败的战绩，这也是我的目标，是加利福尼亚从来没有实现的一个目标。

我向大家承诺，许多良好的意愿均出自这一承诺。在整个国家，在这个赛季余下的时间里，我要成为最努力的球员，我要成为推动本队其他队员前进的最努力的球员。

我们队要成为本赛季余下的时间里最努力的球队。愿上帝保佑我们！

（资料来自网址：http://www.youtube.com/watch?v=96vAbtpakLg）

更多甜点的例子详见附录2。

最好的甜点会与你在坡道部分提及的一些内容相呼应。运用这种呼应的技巧，会使你的结语含蓄而优雅，此时，回味最初的想象会让听众在脑海里产生圆满的感觉。以下是两则将坡道和甜点结合的例子：

玛丽·费雪，《1992年共和党全国大会上的演讲》

坡道：两个多月前，在盐湖城召开的政党纲领听证会上，我曾向共和党提出请求，请求打破长期以来对艾滋病毒以及艾滋病问题保持的沉默。今晚，我来到这里，要终结这样的沉默。我面临的是挑战，而非自得。我需要的是大家的关注，而不是掌声。

演讲结束时的甜点：我要向我的孩子们发誓：我不会屈服，扎卡里，因为你给了我鼓励。你傻傻的笑给了我希望，你温柔的祈祷给了我力量。是你，我的孩子，给了我向我们的国家说“你处于危险之中”的理由。我不会停歇，马克斯，直到我做了一切可以让你的世界安全的事情。我会寻找一方乐土，在这里,亲密不再是苦难的序幕。我不会急匆匆地离开你们，我的孩子们，但是，当我离开时，我祈祷你们不会因为我的原因而遭受羞辱。

我向所有能听见我声音的人们呼吁：请和我一起吸取历史的教训，学会感恩。这样，当我去世之后，我的孩子们就不会害怕提及“艾滋病”这一字眼。将来，他们的孩子，你们大家的孩子，都无须再低声密语地说出这三个字。

(资料来自于网址：http://www.americanrhetoric.com/speeches/maryfisher1992rnc.html)

埃利·威塞尔，《冷漠的危险》

坡道：54年前，在喀尔巴阡山脉的一个小镇，距离歌德热爱的魏玛共和国不远处，在臭名昭著的布痕瓦尔德集中营里，一个犹太小男孩苏醒了。尽管他最终获得了自由，但是心里却没有快乐可言。他本以为他的人生再也无法开始了。但就在被美军解放的前一天，他记得那些美军对他们所看到的景象愤怒万分。即使他年纪变老，他也会因美军的愤怒和同情而感激他们。尽管他听不懂美军的语言，但他们的眼睛告诉他想要知道的东西——他们也将记住并且见证犹太人遭受的苦难。

演讲首尾呼应：因此，我再一次地想到了那个喀尔巴阡山脉的犹太小男孩。在多年的追求与奋斗后，我已经垂垂老矣，但那个小孩的身影一直陪伴着我。他将与我一起带着深深的惊恐和无限的希望走向新世纪。

(资料来自网址：http://www.americanrhetoric.com/speeches/ewieselperilsofindifference.html)

有关如何用讲故事的方式制作好的甜点的更多信息，请阅读第三章的内容。

—— 整合：根据不同场合调整演讲结构 ——

如果你准备好了西红柿、大蒜以及橄榄油，你用它们做多少道意大利菜都可以。同样地，一旦你掌握了准备和结构的核心成分，就可以将它们综合起来，用各种方法创编你的食谱。将它们视作即插即用的组件，在任何场合，你都可以将它们重新安排以满足沟通需要。

例如，你所进行的每一次重要沟通，包括电子邮件、语音邮件或视频会议，都应该从准备工作开始：要有清晰的目标，说的内容要与听众有关联，以及要点明确。你必须知道自己努力想要完成的目标是什么，为什么听众应当在意你说的话，以及你说的话要传达什么样的信息。如果你在打电话之前还不明白这些事情，那么你不仅在浪费自己的时间，也在浪费他人的时间。

在正式的演讲中，结构越精练，它的各要素发挥的作用就越明显。让我们看看需要将核心要素用不同的方式组合起来的一些情形。

在与你同级的人进行交流时，你希望自己被打断之前就能完成整个叙述，那么，经典的结构是最有力的：

1. 坡道。
2. 路线图。

3 三个发现要点。

4 问答环节。

5 甜点。

经典叙述结构

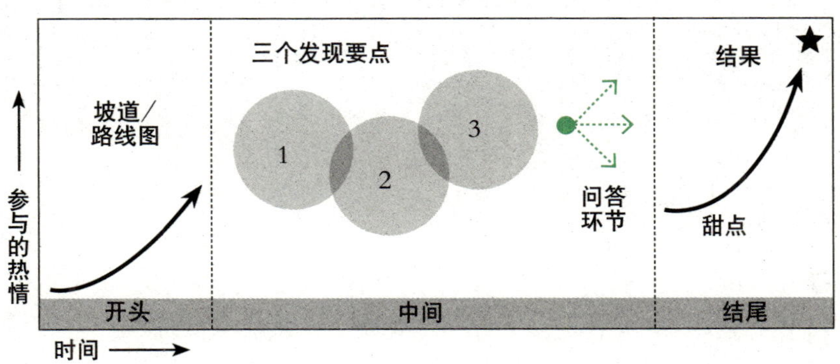

这样的结构安排会让你在路线图部分向听众说清楚，后面留下专门的时间进行提问。这样，你的整个谈话不被打断的概率就增加了。

当你对上级讲话时，记住这一点对你是有帮助的：高管们喜欢打断别人。职务越高，越喜欢与你互动，他们想要控制和引导自己获得信息的方式。他们通常用提问的方式达到这一目的。实际上，这意味着你整个的演讲过程不被打断是不大可能的。用军事术语来表达就是“敌人不会完全按你的计划行动”。沟通中，我们说：“CEO不会完全按你的提案批准。”这就意味着你那可爱的、精心组织的结构，很有可能被那些不按照既定程序提问的人拆掉。

对此最有效的回应不是恼羞成怒和激烈反击——“我在一分钟之内就会说那个问题……”或者“下一张幻灯片就会展示这点……”你需要在当时就

对大多数的问题作出回答。因此，好好规划一下。会议介绍时最好的结构就是提供一个快速、利落的坡道和路线图，激起他们的兴趣并让他们知道你打算讨论的范围，然后，用五分钟的时间作个总结，接下来就让他们提问。在你回答问题的过程中，你掌握的大量信息和知识将会被他们一览无遗。让听众的问题推动你的讲述，这会让你树立一种积极、愿与听众互动、不愿浪费他人时间的良好形象。当然，跟往常一样，你应以甜点结尾。

这种情况下，结构应当这样安排：

❶ 坡道。

❷ 路线图。

❸ 就三个发现要点所作的总结。

❹ 讨论三个发现要点的问答环节，次序可以灵活安排。

❺ 甜点。

当你面对一个人而非一群人说话时，方法可以稍作改变，但是沟通的核心原则依然不变。首先，从坡道开始，建立你与听众之间的联系，向听众表明你了解他们的需要。“当你在六个月前加入组织的时候，你说想获得发展、壮大事业的机会，你还说希望获得有关妨碍你发展的事情的反馈。我想与你分享一些我的想法，这些想法是你需要的，会帮助你更上一层楼。可以吗？”

接下来你向他展开你的路线图：“我们有一小时的时间。我提三个建议，想听听你对这些建议的看法，然后为下一步的工作制订一份计划，这样的安排怎么样？”他最有可能说的就是“好的”。这样的问话不易发生意外，接下来你就可以继续你的演讲了。这是一次对话，因此，在沟通的过程中你可以随时向对方提问而不必等到最后。叙述结构的形式如下图所示：

每部分以问答环节结束的叙述结构

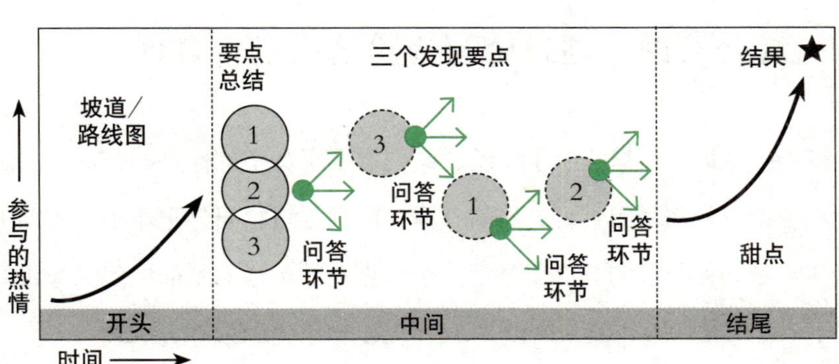

在谈话即将结束时，上甜点。在更大场合的演讲中，你需要情绪高昂地结束你的沟通。提前计划好——在谈话结束的那一刻你打算说些什么，让听众带着一种清新、自信和乐于奉献的感觉走出演讲现场。例如，“顺便说一下，你的一个客户前些天给我发了封电子邮件，信中说他非常感激你在危机期间对他的关注。正是这样的奉献精神激励着我们所有人。谢谢你！”

如何进行一对一的互动式沟通，更多内容详见第十章。

—— 综合考虑：通过练习检验结构是否合理 ——

我们已经拆了引擎，卸了轮胎，向你展示了各个部件是如何运行的。现在我们要把它们重新组装好，看看在真实的世界里，当你把车子开到路上的时候，它是如何行驶的。这里举了两个根据高效沟通原则而组织的演讲结构的例子。一次是由彼得发表的演讲，一次是我们一位客户的演讲。

例1：彼得

五年前，我应邀向一个董事会作报告，为新建一个儿童剧院筹集资金。当时学校正处于重要的分岔路口，其生存正受到威胁。

听众：董事会成员

第一步——结果：演讲结束后，董事会将决定投入12万美元并向我们推荐另外两个投资人。

他们需要知道什么？

❶ 剧场有助于孩子们的语言艺术表演，提高他们的测试分数。

❷ 剧场有助于孩子们的社会交流，教导他们理解其他文化和团队协作。

❸ 剧场以一种积极的方式让孩子们得到关注，这有利于让他们远离犯罪。

他们需要感觉到什么？

1. 帮助处于危险中的孩子，已经刻不容缓。
2. 对我们制订的计划充满信心。

第二步——关联性：为什么他们应当在乎？

1. 对于不断攀升的青少年犯罪率以及学校里较低的测试分数，他们很担忧。
2. 他们想作出改变。
3. 他们需要找到一个物有所值的、可靠的项目投入资金。

第三步——要点："剧场可以帮助孩子们更好地完成学业。"

下面是我基于关联性而建造的坡道："大家能来这里是因为你们都关心孩子。各位都知道，目前加利福尼亚州有成千上万的孩子都存在从教育体系的裂缝处跌落下去的危险，因为他们不能和同龄孩子以相同的英语水平阅读、书写或者说话。你们担心孩子们的测试分数会降低，青少年犯罪率不断上升，越来越多的孩子有被剥夺公民权利的危险。"（注意我讲话中运用的"我"和"你"的比例以及坡道的角度有多高，这样可以制造一种紧迫感：孩子们的生存危在旦夕）。

基于他们应当知道的内容，我的三个发现要点是：（1）剧场有助于提高孩子们的语言技巧；（2）剧场有助于孩子们培养自己的社交技能；（3）剧场有助于孩子们远离犯罪——用一种积极的方式让他们得到关注，让他们远离由于被关注而产生的麻烦。我用故事、逸事以及统计数字来支持每个发现要点。

然后，我作了总结，接着进入了问答环节。我回答了他们的问题，其中不乏一些咄咄逼人的问题。一个听众问：“为什么你的项目需要投入的资金这么多？”我对那位听众说：“这是一个很重要的问题，是一个应该好好谈谈的问题。”因为不好回答，我并没有从正面嵌入答案，相反，我是这样重构问题的：“这是一个有关质量的问题。我们正在向加利福尼亚州最困难的学校输送艺术家。并且，我们输送的是我们所能找到的最好的艺术家。工作的难度很大，但为了省钱而支付教师最低工资并不是解决问题的办法。这是我们对孩子的一项投资，我们找到了最有才华的人，我们应该支付相应的报酬。”（了解更多有关处理问答环节的技巧，详见第三章。）

在问答环节之后，我又转回来提及甜点里的内容。我说：“在结束之前，我想给大家讲个故事，这个故事是有关这一行动方案的。最近，我去这其中一所学校的大礼堂观看试演。孩子们到处乱跑，礼堂里一片混乱。突然，一个小女孩站了起来。她绑着两条长长的黑辫子，脚穿闪亮的皮鞋，身着紫色蕾丝裙——像去教堂中所设的主日学校（指星期日对儿童进行宗教教育的学校）时的打扮。她向舞台缓缓走去，孩子们看到了她并满怀惊奇地聚在一起，随后慢慢地都坐到了座位上。你能听见他们正窃窃私语：‘嘘……玛利亚上去了，玛利亚上去了，是玛利亚。’

“很快，孩子们都坐在了凳子上，一动不动。玛利亚走到台前，双脚正好站在台子的边缘。她将头抬得高高的，勉强可以看到她的眼睛，然后她背诵了苏斯博士写的一首诗。你几乎听不到她说什么，但是，礼堂里的每一个小孩都在座位上安静地听她背诗。当时我与老师一同站在后面，我发现老师的眼眶湿了，下巴微微颤动着。我俯身悄悄问她：‘到底发生了什么事

情？’她说：‘这可是我们第一次听这个小女孩发言啊。’

“这也是为什么我们在学校教戏剧的原因。”

演讲的目的达到了吗？董事会签署了12万美元的支票，学校也得救了。

例2：大卫

大卫一生都梦想着成为一名副总裁。他亲眼目睹了父亲在一次企业合并之后下岗，生活陷入困顿的惨状。因此，他下定决心要爬上企业的领导岗位。之后，大卫考进商学院，获得了MBA学位，毕业后在硅谷的一家大型高科技企业度过了很长的见习期。在销售部门工作了五年之后，由于工作努力以及经常加班，他成了公司历史上最年轻的经理。他分管一个区域，下辖120名员工。生活看起来相当不错，但是就在他担任新职务八个月之后，公司的低端产品被挤出了市场。竞争变得越来越残酷，公司只能以更低的价格提供相似的产品来赢得那些多年来大力支持公司的客户。在竞争对手的成功以及更高报酬的承诺诱惑下，大卫的团队成员开始以惊人的速度跳槽。大卫的老板给他下了最后通牒，要他在三个月时间内提高员工的保留率，否则他就得回去干他的销售老本行。为了让团队成员重返团体，大卫需要跟他们进行一系列的面对面的会议。以下就是他第一次发言的组织情况。

第一步——听众：团队成员

结果：演讲结束后，原来想离开团队的人将会改变他们的想法，至少会继续待六个月。

他们需要知道什么?

❶ 目前的市场趋势表明，在我们的专业领域内，机会正不断增加。

❷ 我们将如何利用未来的机会。

❸ 在专业范围内我将支持他们。

他们需要感受到什么?

❶ 下定决心不要错过一次重大机遇。

❷ 对未来充满信心。

第二步——关联性：为什么他们应当在意?

❶ 过去他们感觉到自己是高效团队的一部分，并且他们想重温这样的感觉。

❷ 他们已经努力工作度过了最艰难的时光，如果在获得回报之前就退出，将会前功尽弃。

❸ 他们希望得到奖金。

第三步——要点：他们的努力不久就会得到回报。

以下是大卫基于关联性而构建的坡道：“三年前我们是市场上的老大。我们处于山顶而我们的竞争对手在山脚下一路下跌，他们甚至连一个营地都没有。在座的各位都曾经尝过胜利的滋味，你们还记得那种感觉吗？三年之后，我们从顶点滑落下来。在过去的八个月里，我们已经看到了所发生的巨大变化——其中的一些变化是我们不愿意看到的。但是这个过程的努力也有一个好处：我们的公司已经展示了它适应市场、进行创新以及对产品和营销进行投资的能力。我们还没有倒下去，而且仍然在前进。艰难的岁月让我们更能吃苦，不利的条件会磨炼我们的本领。经过三年的艰苦奋斗，我们距离最大的成功只有一步之遥了。我们付出的这些努力马上就要得到回报了。第一的宝座将会再次成为我们的囊中之物。”

大卫的路线图：“在接下来的45分钟里，我将向大家介绍如何实现我们的目标。大家将会了解：（1）目前的市场趋势表明我们在这个领域的机遇正不断增大；（2）我们如何利用这一新机遇；（3）在专业领域内我将做些什么以支持大家的工作。”（注意三个发现要点）然后，大卫开始用故事、统计数据、逸事和图表等形式来阐明每一个要点。

甜点：女士们、先生们，这是一次漫长的征程，现在才刚刚开始。攀登高峰最困难的部分就是那最后的一英里，空气变得稀薄，身体开始疲劳。在前进的路上，我们失去了一些人。一些人潇洒地离去了，而另一些人却在坚持。你可能会觉得自己不会一路攀登到峰顶，那时你可能感到自己要放弃。但是，亲爱的各位——从目前所处的位置可以看到山顶，我们齐心协力到达了这个位置，我们已经爬到了这么高的地方。我要向大家说出我的心里话：“现在还不是放开绳子的时候。此刻我们应该深入挖掘、向前推进并且跟随我们的团队。伸出你的手，抓住你身后的人，拉他一把；伸出你的手，当上面的人伸手拉你的时候不要拒绝。你的眼睛要时刻盯着目标。想象一下，当我们到达山顶环顾四周的时候，会是什么样的感觉，我们又一次到达了巅峰。”

彼　得

无论是在正式场合还是非正式场合，这样的演讲结构都能发挥作用。对我而言，最艰难的对话发生在我与我年轻的儿子之间。当泰勒读高三的时候，一天，他走下楼梯，肩上背着电吉他，宣布他决定不上大学了。他打算在接下来的几年时间里跟我们住在一起，同时培养他对重金属音乐的兴趣。我的妻子转过身来对我说："好吧，沟通先生，你上楼去跟泰勒谈谈，做你擅长的事吧。"

我知道自己可以说出25个恰当的理由劝他上大学，但是我也清楚在我说出5个理由之前，他就已经不耐烦了。我应该抓紧时间拟定一个策略。因此，我确定了我的目标结果：谈话结束时，泰勒将会重新考虑关于是否上大学的决定。他需要知道些什么？（1）无论他是怎么想的，我都得对他的成功负责；（2）他心目中的英雄，像吉米·亨德里克斯、埃里克·克莱普顿、卡洛斯·桑塔那，这些人能够获得巨大成功并不是因为他们能演奏其他人的音乐，而是因为他们可以自己谱写曲子；（3）在大学，他能学会如何谱写自己的曲子。泰勒需要感受到什么？（1）担心如果自己不上大学，就可能与机会擦肩而过；（2）对新的可能性感到兴奋。然后，我找到了关联性。为什么泰勒会在乎我说的内容？因为他想成为一名成功的音乐人，他想挣钱，他想过一种积极的社交生活。我明确了自己的观点：如果你想成为一名成功的音乐人，你就要学会谱写自己的乐曲。

我的甜点是什么呢？“顺便说一下，在任何中等规模的大学里，每年都有一到两万的女孩子离开家，而她们都还没有男朋友。”

谈话进行得很顺利，故事的结局如何呢？现在泰勒已经是一所医科大学大学四年级学生，平均成绩达到了4.0。

注 释：

① 帕特里夏·弗里普：《网上讨论会的十五个提示：如何增强你的网上演讲影响力》，2009年9月8日，主管人员演讲教练弗里普的博客，网址：http://fripp.blogs.com/presentations/2009/01/index.html.

② 罗杰·艾尔斯和乔恩·克罗沙：《7秒展现你自己》，双日（Doubleday）出版集团出版，纽约，1995年。

第三章 善用技巧

一个人平均每天说7000个字（男人大概是6000字，女人大约是8000字）。[①]每天说出口的话虽多，但可悲的是，听你说话的人一旦沾了枕头边儿，就会将你所说的一切忘得一干二净。

即便如此，你每天还得与他人交流沟通，希望人们能记住你说的话。如果你是一位领导，一位父亲，或者一位在董事会、团队里具有影响力的人，你更要懂得如何让人记住你所传达的信息。我们将这种容易被人记住的话具有的特质称之为“黏性”[②]，这是奇普·希思和丹·希思在他们的巨著《让创意更有黏性》一书中常用的词。

那么，什么样的话更具黏性、更容易让人记住呢？

它们具有如下的特征：

1. 简单明了。
2. 富有情感。
3. 形象生动。

听起来很简单，却不容易掌握。高手做任何事看起来都轻松自如，这是因为与初学者相比，他们做事时活动的肌肉较少。初学者往往比较紧张，如果你看看他们第一次做某事时的大脑扫描图，就会发现，他们的每一个神经通路都被激活了。他们会伸出舌头，耸动肩膀，活动腿部，做一系列与目的无关的动作，以缓解紧张的情绪。而学习和掌握的过程是一个做减法的过程——越擅长做某事，做此事时依赖的神经元就越少，看起来也就越轻松。

因此，我们乐于与你分享一些说话的技巧，这些技巧可以帮助你成为一名说话高手。我们选择了良好沟通中的关键技巧来谈。工欲善其事，必先利其器。掌握了这些技巧，就能随时为我们所用。

这些经典技巧基于古老而又实用的常识，为自西塞罗时代以来的伟大演讲家、作家及思想家所运用。

故事令你的数据形象生动，比喻让你的话令人难忘，生动的语言要比商业行话更能打动人心。重复是强调要点的一种方式，提高问答技巧将会增加你与听众沟通的机会。

任何技巧，一旦你掌握了，就会终生为你所用。这时，你只需把注意力集中在听众身上及与他们的沟通上就可以了。

—— 故事：用起伏的情节吸引听众 ——

听众可能记不住一连串的数字，但他们会记住一个故事。因为大脑的运转方式，使得我们愿意全神贯注地聆听任何故事，无论这个故事是多么匪夷所思。故事可以非常简单，比如“我有一个同事，叫拉尔夫，有一天，他发现自己的电脑坏了，而他马上要参加一个很重要的会议。正在犯难之际，他灵机一动，想到了一个主意……”此时，我们会兴致盎然，全神贯注聆听下面会说些什么，因为这正符合我们大脑运转的方式。

所以大胆运用这一技巧，讲故事吧！

讲故事的原则

在讲话的整个过程中，从坡道到甜点，你都可以运用讲故事的技巧。故事会随着时间的推移，展现出前因后果。它会为思想增添血肉，会把思想与听众联系在一起，并对听众产生影响，一则故事可以形象地表达你的价值观，而你不必明确地将其说出来。故事会在讲故事的人和听众之间建立一种联系，让听众产生认同感，会激发听众说出这样的话：“我同样如此。”故事可以增进理解，因为故事是在展示某些东西，而不单是在讲述某些东西。自人类诞生以来，讲故事就被人们当作教育的方式。一则故事也具有传递感情的作用，让你感同身受，却不会变得多愁善感。

一则好故事，开头会交代三个要素：时间、地点及人物。

因此，经典的故事通常这样开头：“从前，有一位英俊的王子，他孤身一人住在一座城堡里……”这样的开场白可以很容易变成：“去年夏天，我带着9岁的儿子，在亚马孙河上，乘坐独木舟逆流而上……”转眼之间，我们就成了电影中的主角。此时，每一位听众脑海里都有了一位父亲、一个儿子和一片热带雨林的视觉形象。设置好了背景，就可以开始讲故事了。

剧场运动创始人、国际即兴剧创立人凯斯·乔斯通[③]认为：一个成功的故事一开始总有一个平台，这个平台是一个稳定而日常的环境，然后你会让这个平台产生倾斜。这种倾斜是让人意想不到的元素，为了使平台重新获得平衡，它会将主角抛向斗争的中心。它可以简单如将雨伞外翻的小丑，也可以复杂如《哈姆雷特》。（注：就如《狮子王》的故事同《哈姆雷特》一样，经典的故事原型会反复出现。）

斗争构成了故事的主线。没有斗争，就没有故事。斗争让故事令人兴奋、有趣、激动人心、富于情感。当英雄度过了难关，我们会欢呼雀跃。

故事中，主角总会在人生的岔路口犹豫不决，总得在某个时刻作出抉择。抉择越难，故事也就越精彩。带些神秘色彩，通过做一些意想不到的事情给你的听众呈现惊喜。运用再现——在故事里掺入一些元素，并让这些元素在故事中重现。当这些元素与前面故事里出现的元素相互照应时，后面出现的惊奇往往是令人满意的。王子在森林里遇见一个老巫婆，巫婆给了他一只高脚杯，在之后的故事里，当王子需要喝神奇的药水时，那只高脚杯就会派上用场。

客观呈现故事的原貌，不要主观讲述。听众天生都是叛逆的，如果你告诉他们要体会什么，他们往往体会不到你说的那种感觉。如果你对一个孩子说："我给你讲一个吓人的故事"，十有八九，他听完故事之后会说："这故事一点都不吓人。"如果你对一位听众说你打算讲一些有趣的事情，你会发现他正襟危坐，抱紧双臂，紧蹙双眉，打定主意不发笑。因此，不要告诉听众会感觉到什么，只是描述故事的原貌就可以了，让听众自己去体会个中奥妙。不要说"他是紧张的"，而要说"他双手冒汗"；不要说"今天真是个好天气"，而要说"今天阳光灿烂，微风习习"；不要说"当母亲看到儿子驱车离开，去远方参军，内心感到很悲伤"，而要说“当母亲看到儿子驱车离开，她转过身来，用袖子擦了擦眼角的泪水”。设想一下，倘若你正在为听众制作一部电影，应该让人们根据你讲的故事体验他们自己的情感。

好的故事在哪里呢？想想下面这些地方：

1. 历史——本国历史或世界历史中。
2. 个人生活，或者熟人的生活中，特别是那些克服艰难险阻、经历过危难时刻的人的生活中。
3. 报纸中——当前发生的大事是话题类故事的一个绝佳来源。
4. 文献或艺术作品中——经典的故事会使谈话有力而高雅。
5. 你的孩子——孩子是那些容易被人理解的故事的一个好的来源。

故事有很多种类型，在演讲中最常用的有两类：一类是警示性寓言故事，这类故事警示我们前面可能发生的危险；另一类是励志类故事，讲述人们如何克服困难。这里有一个创作励志类故事的简单模式：困难越大，英雄人物越平凡，故事也就越吸引人。听到一个普通人历经艰难困苦仍存活了下来并到达了成功的彼岸，我们会备受鼓舞。为了产生更强烈的激励效果，可以让主人公在通往成功的路上碰到更大的困难，并延长主人公与困难斗争的时间。如果超人打掉了一扇门，这没什么大不了的，但如果超人被氪星石包围了，故事马上就变得更有趣了。

最好的故事是真实的事情，真实性是不能简单编造出来的。有时候，如果你能更深入地思考一下，说不定你个人的经历本身就能为你的主题提供一个完美的故事。

彼 得

我们曾与一位高级行政主管一起工作过。他是一位很有魅力的亚裔美国人，名叫斯坦恩，在一家跨国高科技公司任职，当时公司正主持召开一次有关协作的大会。我们不断对他的主题演讲进行彩排，一次又一次地修改他的演讲稿，但是总感觉缺了点鼓舞人心的东西——他可能喋喋不休地谈论合作，但那都是空洞的说教。这里缺失了某项内容——他的演讲缺乏灵魂。

我提醒他可以讲点个人经历来为他的演讲增加点生气。我记得他说自己跑过马拉松，还说了一些有关以前不能跑步的秘密。当我向他进一步求证的时候，他说自己小时候曾患过小儿麻痹症，12岁之前一直坐轮椅。这听起来就是一个有关克服重大困难的非常有吸引力的故事。

“但它与合作无关，”斯坦恩说，“而且我不想谈有关我个人的事情。”

我又深入了解了一下他的情况。原来，斯坦恩的父母和他的兄弟姐妹不愿接受小儿麻痹症影响他走路的事实。他们与斯坦恩以及一个物理治疗团队坚持不懈，努力合作。最后，斯坦恩12岁的某一天，他从轮椅上站了起来，并开始自己走路。

从此之后，他开始跑步。现在，他已经是一位成功的马拉松选手了。

我对斯坦恩说，他的经历就是一个很鼓舞人心的关于合作的故事——他的医生、理疗师以及家人齐心合力，向着同一个目标迈进。但斯坦恩仍然觉得这样会让他觉得不大舒服，因为他不想将自己以往的困难说出去，他认为曝光自己的隐私有悖于他的文化教养。

没错，故事是有关斯塔恩的，但那只是表面上的。实际上，正是由于他身边所有人的不懈努力，他才能远离轮椅。这确实是一个有关合作，而不是有关个人努力的故事。斯坦恩是在讲述他自己的故事，却在把功劳归于他人。

开会的那一天，当斯坦恩开始讲述他从轮椅到马拉松的经历时，听众都听得入神极了。五年之后，听过他演讲的人仍然记得这个故事，仍然记得斯坦恩传达的有关合作价值的信息。

—— 比喻：用鲜活的形象打动听众 ——

运用比喻就好像是给黑暗的舞台打聚光灯，让听众的注意力集中到你想让他们关注的地方。

当你思考这一问题时，注意你脑子里发生的变化——你可以看到你脑中的聚光灯的图片，让你的想法易于被他人理解和记忆，而不是说许多无意义的废话。

这就是比喻的力量，它会呈现出一幅语言图画。它使你能够看见你的想法，让你的语言更形象具体。大脑处理图像的速度是单纯处理文字速度的六万多倍，[4]因此，一幅图画等同于六万多个文字。想象一下，在听众的脑海里保存一幅图片，你会节省多少时间。

还记得艾森豪威尔将军的军士受命去打探战况后，被要求作出简单评估时所说的话吗？“先生，想象一个面包圈，我们就是中间的那个洞。”即使你已经阅读了大量的文字，你仍然会记得那个比喻。

由于其发挥的巨大作用，比喻是人类已知的最古老的文学工具之一。[5]为什么呢？因为比喻会使你的语言更具黏性，它连同色彩、故事以及情感，由人体的右脑一起加工。当简洁成为一种美德的时候，比喻可以加快人们之间的理解。比喻也可以创造一种感觉，并且简化复杂的思想。

我们无时无刻不在运用比喻：“我的电脑死机了”“通货膨胀失控了”“我中了大奖”“我们坚守阵地、绝不妥协”“我们正在下降”“她正处于困难时期”“我们马上要到达终点线了”“他做了件了不起的事情”。

每次当你说“电子邮件”或者“收件箱”的时候，你都在运用比喻的方法。我们将一个复杂、难于掌握的思想用一个我们都了解的物理形态表现了出来。

如果你正在向某人描述一种新的、复杂的配送系统，而他无法理解，你可以这样说：“我们就像是身体里的血管，将重要养分从脑部运送到胳膊和腿部，这样工作才能完成。”

为了用好比喻，将你想要描述的事情记下来。让我们运用配送系统的例子加以说明。列一张描述目标属性功能的单子。例如，可以将物体从一个地方运送到另一个地方；可以将零碎的物件连接起来；它可能发挥关键的作用，没有它任何事物都会发生故障。

现在，挑选其中的一种描述。例如，将目标物从一处移动到另一处。还有什么能将物体从一个地方移动到另一个地方呢？再把些东西列个单子：水暖管道、道路、血管、火车轨道等。看看列出的内容，评估一下哪一个可以被用来打比方，打好比方的可能性有多大。水暖管道可能不是一个好的选择，例如，管道里可能有污水、老鼠和废弃物，你不想在听众的脑海里产生有关这些东西的联想。这个例子中，有可能使用道路作为比喻，如果没有道路，运输会停止，商业就会瘫痪。

但是血管提供了一个更加生动的形象。它是人体内的器官，人们天生就了解它。如果没有血管，机体必然会死亡。健康的血管意味着健康的组织，它们从大脑这个中央情报系统获得信息，并将其传送到人体的四肢这些与实际工作相接触的身体部位。

一个好的比喻可能产生比预期还要好的效果，一个出色的比喻通过提供更多的可能性让你的演讲更充实、丰满。

用比喻要注意两个问题：避免使用毫无生气的比喻和陈词滥调。“像苹果和橘子”这样的话不是比喻，只是陈词滥调。这样的说法不仅不会帮到你反而对你有害（有关避免使用陈词滥调的更多内容请见本节生动的语言部分）。还要注意的一点是，比喻的混合或在演讲中一次使用多种比喻。理想的情况是，你用一个总的比喻创造一副令人难忘的视觉图片，然后你在余下的演讲中对它进行梳理。“如果运输系统组件是公司的血管，那么仓库的员工就是手和脚。为了让他们能顺利地工作，我们需要……”

比喻是工作中可以使用的一种强大的武器。例如，希尔维亚是一家大型公司的经理，她一直工作得很愉快。有一天，老板在她的辖区内指派了另一位经理，与她负责相同的工作。于是，一切都变样了。

希尔维亚抱怨说自己跟那位新来的经理工作有太多重叠，老板则说，往这个区域投入更多的资源，可以获得更大的市场份额。希尔维亚跟老板的争执陷入了僵局。

最后，希尔维亚用比喻的方法说明了自己的处境："想象一下，我们正参加赛车比赛，很可能赢得这场比赛，因为我们的位置领先。但在紧要关头，我们换了一辆有两个方向盘的赛车，车上还配了两个车手。"

她的老板正好是个纳斯卡赛车迷，看到邮件后大笑了一番。第二天，希尔维亚就收到了电子邮件，信中说："这个地区你说了算。"

尚　恩

一次，我的老板没有把工作中需要的材料给我。我给他发了一封电子邮件，内容是："嗨，上尉，您的步兵已经奔赴前线了。在敌人的攻击下，我们有些提心吊胆啊，我们没有什么装备——来点弹药怎么样？"我的比喻基本上为老板的进入创造了一个故事情节，就像一部小电影一样。在这部短剧中，我的老板饰演上尉的角色——一个好上尉绝不会将没有必需装备的步兵送上前线。对于这样的故事，结局必定是令人高兴的——上尉给了步兵需要的装备。我的老板也是这么做的。

—— 语言生动：恰当措辞让每句话更有力量 ——

语言的力量不可小视。

高效沟通，就是指面临压力时，用恰当的方法说恰当的话。把一件事情说清楚有无数种方式，你的措辞可能会产生深远的影响。最有力的语言应该是有新意的、具体的，而且语气得当。

彼　得

五年前，我应邀在旧金山举办的一次活动中发表演讲，为一家剧团募集资金。

晚上十一点半的时候，我接到了妻子玛西亚打来的电话，她说："别忘了买猫粮。"

我说："亲爱的，我正在筹款呢。"

她说："很好，但是回家的时候别忘了带猫粮。"

想到我家的猫刚生了小猫，儿子正在睡觉，玛西亚出不了家门，于是我说："好吧，我会给猫买吃的。"

这次活动直到凌晨一点才结束。旧金山确实是一个很不错的地方，但有一个地区除外，那就是田德隆区。正好这个区的店铺会通宵营业，因此，我骑上摩托车驶向那里。我找到了一家24小时营业的小酒铺，那里也兼卖食品杂货等。

当我把车停到店铺前面的车位上时，我朝四周看了看。在一个角落里有一些妓女，街对面有两个看起来可疑的家伙。他们身穿带有大帽子的外衣，戴着墨镜，一边盯着我看，一边在那里交头接耳。我心想：我是从纽约来的，他们不会惹我，但为了以防万一，我还是戴上头盔，并拿上了钥匙。

我买了猫粮，还有第二天早餐用的一些鸡蛋和果汁。当我走出店铺时，我看见那两个人中，其中一个外表可疑的家伙用手指直直地指着我，好像把我当成目标一样。接着，他们都向我走来，并且走得非常快。我的第一反应是就是跑——但是我知道他们会抓住我；我的第二反应是攻击——但他们有两个人，而我孤身一人，双拳难敌四手。我就站在那里，几乎不能动弹。很快，他们就开始打我了。

第一个家伙的拳头打在我的脸上，我手里的食品袋被打飞了；另一个家伙击中了我的胃，我蜷缩了起来。我能感觉到有人正在用拳头猛击我的肋骨，还有手伸进我的口袋里试图掏我的钱包。

我的脑海里突然出现了一幅画面：我自己昏迷着躺在阴沟里，鲜血从我的嘴角流出来。我想到妻子和儿子正在家里等我，我必须得做点什么。来不及多想，我一把抓住外套里面的翻领，就好像里面有一个麦克风一样，并开始用尽全力地大喊："第五分队，第五分队，所有人注意。红色警报，红色警报，目标在行动，地点在十三区。部署所有人，我需要全力支援。快！快！快！"

很长时间后，我抬起了头。袭击我的那两个家伙已经走了，妓女们也不见了。实际上，除了我，整个街道上空无一人了。我捡起了刚才买的果汁和猫粮，鸡蛋已经没法收拾了，我骑上摩托车飞快地驶离了那里。对我而言，在恰当的时间用恰当的方式说正确的话几乎救了我的命。

现在人们总是倾向于使用时髦的业内行话，让局面更复杂，特别是在商业领域。作家兼记录英国文化的著名编年史家乔治·奥威尔曾经说过："现代语言最糟糕的一点就是其构词不是为了词汇的意义，不是创造使意义更加明确的形象，而只是将已经被其他人设定好次序的长长的词汇黏在一起。"⑥

当你听到它们的时候，你能识别出这种预制板活动房般的语言或商务套话。听起来就像是这样的："当一天结束时，展望未来，我们需要通力合作——深入挖掘、仔细研究，既要找到我们的王牌又要制订容易实现的目标，这样才能平衡利益相关者的价值主张，当理论联系实际的时候，我们才能产生'临界质量'效应。"⑦

听着耳熟吗？避免这样的表达。运用简单、直接以及有力的实在的语言。在有效的沟通中应避免使用陈词滥调和业内行话。听众会根据语言的新鲜程度来判断你思想的新鲜程度。有一种叫胡说八道宾果的游戏，游戏中，参与者拿着一张宾果卡，上面有过度使用的行话或词句，在听枯燥演讲的过程中，参与者要核对宾果卡上的话以使自己保持清醒。当听到演讲者说到宾果卡上的话时，持卡者要站起来并大声喊："胡说八道。"客观地讲，我们从来没有听说在演讲过程中有哪个人真的站起来大喊，但是，谁也无法预知。不要让这样的事情发生在你身上。

下面列出了一些玩胡说八道宾果游戏可以使用的词句（此处并没有全部列出）。将这些词句从你的语言中过滤掉，因为它们会让你的演讲听起来过时、陈旧。

- 协同性 （Synergy）
- 跳出原有思维局限（Out of the box）
- 底线（Bottom line）
- 重访（Revisit）
- 一周七天，一天二十四小时（24/7）
- 圈外（Out of the loop）
- 基准（Benchmark）
- 附加值（Value-added）
- 先行一步（Proactive）
- 双赢（Win-win）
- 解放思想（Think outside the box）
- 快速跟进（Fast track）
- 结果导向（Result-driven）
- 授权（Empower or empowerment)

- 知识库（Knowledge base）
- 这一天结束时（At the end of the day）
- 联系（Touch base）
- 活动领域（Ballpark）
- 行动规划（Game plan）
- 杠杆效应（Leverage）

无论你的目标多么远大，你多么有雄心壮志，传达自己的愿景所使用的语言都要具体而详细。让我们看看一些运用具体的形象来支持远大目标和愿景的著名例子。

苍白无力的语言是我们的敌人。设想一下，你是一位电影导演，你需要选择形象，并在听众的心灵之眼里创造画面。

不同的语言具有不同的热度。重要的一点是，将你的语言设定在一个恰当的强度水平。你想让多少伏的电压通过电线呢？说“他让我很失望”和说“他背叛了我”效果是很不一样的，其中的差异既会影响你也会影响听众。

注意下面这三种表述中强度的递进：（1）“我关注预算。”（2）“我担心成本。”（3）“我怕这会让我们破产。”

词句的选择要与你的意图相匹配。传达信息时，语气的热情程度也要有所选择。有时候讲究策略也是重要的，但有些时候，你需要用最直接最吸引人的一句话表达你想说的内容。你是要吸引听众的注意力，还是要警示他们，抑或是想要吓唬他们？

如果一项工程没有如期完工，说“我们失败了”可能会扼杀团队的希望，打击团队的士气。如果你想让他们重视事实，而不是吓唬他们，你可以这么说：“我们没有实现所有的目标。”

另一方面，如果你是消防部门的领导，你的队员正在一栋将要爆炸的大楼里，那么，你说“各位应当考虑更快捷的退出策略”之类的话就很不合时宜。你应当说的一句话是：“马上出来！”

选择词句时，没有总是对或总是错的选择。唯一错误的选择就是无法作出选择。要有目的地选择你的语言。

第一个例子是约翰·F. 肯尼迪在1961年发表的有关登月计划的演讲。

愿景	具体的、引人注目的形象
在全球范围内赢得自由对暴政的战争。	首先，我深信我们的国家将在这个十年结束前完成一个目标，即让宇航员登陆月球并安全返回。没有任何单一的航天计划会比这个更能使人类振奋，没有任何计划比此计划对远程宇宙探索更为重要，也没有任何计划像登月一样花费巨大且充满挑战。我们建议加快研制合适的登月飞船。我们建议研制新的液体和固体燃料推进器，比现在研制的都大，直到我们确定制造出优质的推进器为止。
备注	
愿景是一个远大的目标——自由（和科学知识）。注意，登上月球的人这一形象为更远大的愿景提供了支撑性的证据（实际上，从演讲的背景来看，这一更广大的愿景是指在全世界人的心里打败苏联）。 还要注意的是，肯尼迪想象中的具体内容——让宇航员登月并安全返回……转换液体和固体燃料推进器！ 想象一下，在同一演讲中运用业内行话会具有什么样的效果：“在这一时期，没有任何单一的航天计划会比这个更能为美国的利益相关者带来最大化的价值主张……	

第二个例子节选自丘吉尔1940年于英国下议院发表的演讲。

<table>
<tr><th>愿景</th><th>具体的、引人注目的形象</th></tr>
<tr><td>“我们不会投降、不会失败。”（也就是说我们会赢得这场战争的胜利。）</td><td>“……我们要在天空作战，而且越战越勇，越战越强。我们要不惜任何代价保卫本岛，我们要在海滩作战；我们要在陆地上作战；我们要在田野和街巷作战、我们要在山坡作战；我们永远不会投降。”</td></tr>
<tr><th colspan="2">备注</th></tr>
<tr><td colspan="2">注意演讲中所使用的明确而简单的名词：海滩、陆地、田野、街巷以及山坡。这五个词清晰、有力而具体。
将其修改为商业式的演讲：“我们需要走出孤岛，以日益增强的热情创造新的协同性，同时最大限度地利用我们的航空力量。我们将把现存的所有资源运用到国土上加强防卫而不考虑投入。我们将继续努力，并作出承诺，承诺我们将会成功。我绝对有信心，这个团队可以实现这样的结果。我期待着我们在未来继续取得成功。”</td></tr>
</table>

最后一个例子节选自1963年马丁·路德·金发表的著名演讲。

愿景	具体的、引人注目的形象
所有人——不管是白人还是黑人，都享有不可剥夺的生存、自由以及追求幸福的权利。	我梦想有一天，在佐治亚的红山上，过去的那些奴隶的后代能和奴隶主的后代一起围坐在桌旁，共叙兄弟情谊。 我梦想有一天，甚至连密西西比州这个正义匿迹、压迫成风、如同沙漠般的地方，也变成自由和正义的绿洲。 我梦想有一天，我的四个孩子将在一个不是以他们的肤色，而是以他们的品格优劣来评价他们的国度里生活。

备注

我们再次看到了具体的形象：佐治亚的红山……共叙兄弟情谊的桌子……炎热的沙漠……四个小孩。这些都是能马上在你的脑海里清晰闪现出来的具体形象。

为了提醒读者马丁·路德·金所描绘出的形象是多么的生动，我们试着将他的思想改变为商业模式的陈词滥调，与原先的进行对照，看看公司行话是多么的平淡、乏味："展望未来，我们需要解放思想，找到种族不平等的、灵活的解决方案。我们需要一种有效的解决方案来打破黑人和白人之间的分裂……"

重复：强化你最想让听众感知的内容

我们之前就曾说过，现在我们再次强调：作为一名演讲者，你面临的一个最大挑战就是你的听众会很快忘记你说过的90%的内容。那么，演讲者应该怎么做呢？

为了解决这一问题，我们把目光转向最能创造令人难忘的词语的群体——流行歌曲的作者。在听完一曲好音乐离开音乐厅时，你曾注意到过每个人都在哼唱同一个曲调吗？这并不意外。在任何歌曲里，都有副歌部分或者重复部分。从头到尾，重复不止一次，而是好多次。如果它足够打动人心，它会在你的头脑里留存许多年，甚至永远留存下来。想一下，"她想买一架通向天堂的阶梯。"很少有人能记住《齐柏林飞艇》（*Led Zeppelin*）这首经典之作的全部歌词，但是，大多数人都能哼唱这首歌的副歌部分。

出色的副歌会让人油然而生一种感觉——你会听到它渐渐地来到了你身边。当它到来的时候，你会有一股无法遏制的冲动，要跟着一起和唱。歌词都导向了副歌部分，给人一种惬意、圆满的感觉。

就像一首好歌一样，任何好的发言都有一根令人难忘的“红线”穿插其中。强大的政治宣传活动，尤其是政治演讲总是具有重复的特征。想一想奥巴马的那句“是的，我们能”或罗纳德·里根著名的演讲：《推倒这堵墙》。约翰·F. 肯尼迪1963年6月26日在西柏林发表的演讲就是运用重复技巧的经典例子。

> 世界上有许多人确实不懂，或者说他们不明白什么是自由世界和共产主义世界的根本分歧。让他们来柏林吧。有些人说，共产主义是未来的潮流。让他们来柏林吧。也有些人说，我们能在欧洲或其他地方与共产党人合作。让他们来柏林吧。

运用重复技巧的一个最著名的例子来自于马丁·路德·金的演讲——《我有一个梦想》。在这次演讲中，“我有一个梦想”这句话被重复了不下9次。他是用这种方式结束演讲的：（注意：在原先的“我有一个梦想”重复之外，他在结尾处重复了另外两个元素。）

> 让自由之声从佐治亚州的石岭响起来！
> 让自由之声从田纳西州的了望山响起来！
> 让自由之声从密西西比的每一座丘陵和山冈响起来！
> 让自由之声从每一片山坡响起来！

当我们让自由之声响起来，让自由之声从每一个村庄、每一个州和每一个城市响起来时，我们将能够加速这一天的到来。那时，上帝的所有儿女，黑人和白人，犹太教徒和非犹太教徒，耶稣教徒和天主教徒，都将手携手，合唱一首古老的黑人灵歌："终于自由啦！终于自由啦！感谢全能天父，我们终于自由啦！"

这些都是运用重复技巧的高超而诗意的例子，事实上重复也可以是简单而务实的，如"这就是为什么我们必须马上采取行动"或"我们所有人都需要团结一致"，或者"……因为我们知道你会作出正确的决定"。

运用重复可以产生和运用复杂修辞工具一样的效果，运用这一技巧其实非常简单：挑选一个元素然后重复它。当你每次重复某些东西时，你都在创建一种模式，并且是大脑喜欢的模式。返回到熟悉的内容有利于你重新组织你的演讲，确保你说的所有话都与你的中心主题相关。运用重复技巧也可以通过对内容的推进帮助你确立自己的论点。

应当重复哪些内容呢？有更多的好消息等着你——在你明确讲话要点的时候，你就已经做完艰难的工作了。当你不止一次地阐述你的观点时，它就成为你重复的内容了。

三年前，我们这个团队遭受了大规模的裁员，我们没有培训，面临着巨大的挑战，但我们克服了困难。六个月前，一些人的离开给我们造成了很大的混乱，员工不知道向谁报告。我们面临诸多挑战，但我们克服了困难。现在，我们最强大的竞争对手在一直属于我们的领地上建立了阵地，我们又一次面临着巨大的挑战，我们将再次克服困难。

运用重复不仅仅是在为听众组织信息，而且也是在为演讲者组织信息。在做好准备的演讲中，你可以谨慎地选择什么地方运用重复。在即兴的演讲中，重复是更有效的。对于演讲者而言，它变成了一个很好的跳板。无论什么时候发现自己失去动力了，你都可以运用重复的方法。它将会重新组织你的思想，将你再次弹射出去，同时还能确保你不偏离主题。“我开始的时候说过‘我们做的一切都是在为此刻作准备’（重复）。对我们的新产品而言，那意味着什么呢？”

—— 问答环节：在互动中将听众拉在自己的立场 ——

无论你的演讲多好，只有在问答环节人们才能发现真正的你。听众会根据你在问答环节的表现对你及你传达的信息作出关键的评判。他们想要知道你脑子里是怎么想的。通过对话，人们才将信任、默契以及明晰感发展到一个更高的层次。也是在问答环节中，你才能展示自己满足听众以及创造一种联系纽带的能力。大多数演讲者担心问答环节，希望听众不要问太难的问题。我们建议你欣然利用这样的机会与听众积极互动。

因此不要试图回避令你不舒服的问题，要较早地回答那些悬而未决的问题。如果去年的项目成本是25000美元，委员会的每个人都知道今年的成本将会达到35000美元，每个人都会关注这个问题，直到你解决了它为止。

问答环节成功的关键在于准备。没有为问答环节做好准备就像是花了好几个月时间准备跑马拉松，但到了比赛的那一天却忘了穿鞋一样。这里为你提供一些为问答环节作准备的技巧，助你能得心应手地处理这一环节：列出问题并自行回答（1）听众最有可能提出的十大问题；（2）你最害怕回答的十大问题。将你的答案在那些能给你反馈的人面前进行预演。还记得我们在结构一节当中描述过的恐怖场景吗？在问答环节中没有人提问，你灰溜溜地下台，感觉自己像个傻子。

下面的技巧可以帮助你避免这样的事情发生：如果没有人提问，那么就问自己一个事先有所准备的问题。稍作停顿之后，你可以这样说："你们可能会提这样一个问题……"或"人们经常会问我这样一个问题……"或"大家可能想知道……"，然后就回答自己提出的问题。这样做不仅可以打破当时的尴尬局面，而且通常情况下会有引导的作用，接下来听众就会开始提出问题。如果他们还没有问题，你可以优雅地进入你的下一个环节——甜点部分。

专家提示 如果没有人提问，那就自己提一个事先准备好的问题，并作出回答。

在正式场合，回答之前先大声重复一下问题，这样做能产生以下几个作用：

1. 确保你正确无误地听到了提出的问题。你花了五分钟的时间回答问题，最后听众说“那不是我提出的问题”，没有比这更糟糕的情形了。

❷ 确保听演讲的每个人都能听到问题是什么。

❸ 给你留下了两到三秒的宝贵时间——你的大脑需要这些时间去组织答案。

在不太正式的场合下，重复问题听起来可能有些怪异，那么可以将问题嵌入答案之中。这意味着在你回答问题的时候会重复问题的一部分。例如，如果问题是：“你从我们的客户那里了解到了什么？”你的回答：“我们了解到的情况是客户非常想要一些新东西。他们问：‘新版产品什么时候将会上市？’他们很着急。”将问题嵌入答案，可以发挥下列作用：

❶ 你重新陈述了一遍问题，这样每个人都能听到提出的问题是什么，并且不会觉得乏味。

❷ 你确定自己听到的问题正确无误。

❸ 最重要的是，嵌入会促使你用听众喜欢的大脑语言作出回答：视觉的、听觉的、感觉/感官的，或逻辑/数字的。[③]

每个人都有自己偏好的“大脑语言”或感觉形式。一些人是视觉型的，他们会说：“你觉得这看起来怎么样？”一些人是听觉型的，他们可能说：“听起来好像……”数字大脑型的运用数字：“这种情况发生的概率是37%。”感觉/感官的演讲者会这么说：“我只是觉得我们离题了。”如果有人问你：“你如何看正在发生的这件事情？”（视觉型的）而你回答：“我感到似乎前方的路不好走。”（感觉/感官型的）那么，对话就会出现中断。听众提问用的是一种大脑语言或模式，而你的回答用的是另一种，这会马上中断你与听众的联系。就像吹萨克斯的人一不小心按错了键，会破坏沟通的和谐。

嵌入会确保你回答问题时使用的方式与提问者的方式一样。例如，如果他问："对于正在发生的事情，你作何感想？"（感觉/感官型的）你回答："我的感觉是……"通过运用他的方式，能确保与他沟通的一致性。这会让听者感觉到你能更深入地倾听、理解他，并使他感到满意。嵌入问题能保证你和他人的和谐一致。

有关语言感觉形式的更多详情，请看下表：

风格	听众怎么说	你怎么说
听觉型的	我听到的没错吧？ 听起来挺振奋人心。 正是我想听的。 你传达的消息对我而言是真的。 给我讲讲这个……	运用听觉型比喻： "正是我想听的音乐" 用像"听到""听来""听起来像真的"这样的词回答…… 关注的是人们说的内容以及听起来如何。
视觉型的	我们的看法完全一致。 我不确定我明白了你的观点。 前途一片光明。 好像我们还有很长的路要走……	画一幅画或者运用一种形象说明一个观点。 用"看到""看起来""发现"等词回答…… 运用视觉型比喻。 在故事中，描述当时环境下你看到的情形。
动觉型的	我觉得我们的谈话有了进展。 前方的道路似乎崎岖不平。 他负担沉重。 让我们着手处理此事。 我们能解决这个问题吗？	运用感觉性比喻： 用"感到""感觉""直觉"等词作出回答…… 在故事中描绘结构。 让听众站起来，活动一下身体。

数字型的 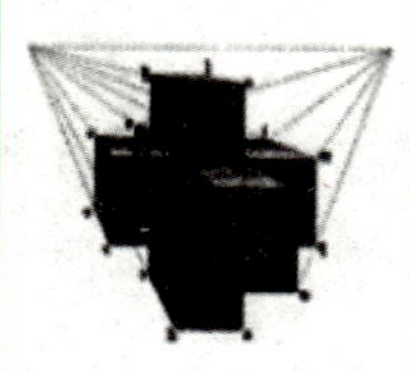	让我告诉你为什么我们要谈这个问题…… 我们有三种选择。 这是有道理的，因为…… 我们增加10%的投入，会使我们的回报翻倍。	展示图表。 给出数字和事实。 使用量化语言。 按时间顺序排列、按照顺序和逻辑组织思想。

问答环节中另一个有用的技巧是改述。有时候你听到的问题不是很明确。提问者的提问漫无边际，到最后，似乎让每个人都不明所以了。这个时候，你的工作就是创造清晰感。你听完提问者的问题，将它进行改述："那么，你想问的问题是我们是否有这笔资金，是吗？"通常情况下，提问的人都会感到自己得到了解脱，并说："是的，就是这个问题。"他们甚至会感谢你。

如何应对挑衅性提问

对听众表示赞许可以使挑衅性的问题变得不再对你不利，找出问题中你认可的部分。这是运用了功能强大的日本合气道防卫原则，该原则教导我们：不要以相反的力道应对来袭者，而是要引导袭来的力量改变方向，以这样的方式既保护了自己也保护了对手。[9]你的本能反应可能是进行还击，不要那样做，否则你的听众不会原谅你。记住，听众同情的是提问者，而不是你。如果你利用自己身份的优势冒犯了一位听众，所有的听众都会憎恨你。不要将自己置于防卫的位置上，因为你在聚光灯下，人们预期你会优雅地处理这一问题。表示认可的例子如："这是一个重要的问题，很高兴你能提出这个问题。"

避免与提问者形成一对一的情形，不要摆出一副要与他打斗的架势。如果你的身体完全转向了他并且直直地盯着他，这会被视为一种挑衅行为或被视为一种信号——他已经成功地将你扣为人质并迫使你离开了自己的群体。在对提问者表示认可之后，礼貌地调整你的视线和身体方向，将其余的听众都囊括到自己的视线以内。这样做会防止提问者获得过多的能量，也防止你们一直处于一种被过度关注的情形中。面对咄咄逼人的问题时，记住你必须同时保持他的尊严和你自己的尊严。如果你做不到这一点，他也不会做到。面对咄咄逼人的问题时，不要将问题嵌入到答案中。例如，如果他问："为什么这个项目耗资这么多？"你不能这么回答："我们耗资巨大是因为……"这样做的话，就是在其他听众的脑海里加深提问者的不友好印象。理查德·尼克松在结束他的任期时说："我不是个骗子。"著名的语言学家乔治·拉科夫在他的著作《不要想大象》一书中探讨了"框架"的概念。[10]该思想指的是，一旦你用现有的语言将某些东西表达出来，那么你就唤起了与之相关的思维模式。换句话说，如果你说"不要想大象"，那么听众除了会想到大象之外想不到任何其他的东西。如果你不想让他们想起大象，那么与之相关的字一个都不要提。如果在回答问题时（例如，该项目是耗费钱挺多的）你这样做了，那么你就接受了负面的框架或前提，并且它们会在听众的脑海里进一步增强。

而重构的效果正好与嵌入的效果相反。通过确认问题背后真正关键的内容，会将问题提升到一个更高的层次。你可以这么说："这是一个为了完成项目追加投资的问题。在我们核查工程的时候，我们发现大楼的地基存在一些问题，处理这些问题需要投入的资金是原先计划的三倍。"如果挑衅性的问题是"为什么会耗费这么多资金？"你可以这样重构该问题："这是一个有关质量的问题……”

下面是一些有用的重构句型：这是一个有关价值/有关长期投资/有关信誉/有关个人道德/可行性/时限/领导力/资源的问题。

注意：重构不是试图逃避问题。你做的只不过是让讨论脱离个人攻击而已。这样做可以使你既解决了听众提出的问题，又不伤害他们的感情。

有时候你会遇到特别不友好的提问者，他们试图让你落入陷阱。我们称这样的人为“鲨鱼”。一般情况下，听众中的鲨鱼会提出带有前提假设的问题。 就像布置在雷区的地雷一样，一旦你踩到它，就会爆炸。这样的问题如：“为什么你要对我们撒谎？”“你不是一位好家长，你不感到难过吗？”或“你没有足够的时间与团队的人在一起，你如何处理这一问题？”这里提供与“鲨鱼”打交道的一些技巧：

❶ 不重复他们的话。

❷ 作出正确的陈述以纠正误解。提问：“你还在偷税吗？”你可以这样回答：“我纠正一下。我非常认真地履行我的纳税义务，在国税局我有完备的记录，我打算一直坚持下去。”

❸ 继续前进。坚定而礼貌地摆脱提问者的问题，明确表明你不会与他再有任何的纠缠了。就像彼得的父亲经常说的一句话：“切勿与猪格斗。你们都会被弄脏——猪喜欢脏，而你不喜欢。”

2008年美国总统大选时，贝拉克·奥巴马就提供了一个重构的经典例子，他因与牧师雷夫·杰里迈亚·赖特的关系而备受非难。在一次发表有关种族问题的演讲时，有人提出了一个问题：“你如何为你和这个人之间的关系以及他的‘反美’情绪作出辩护？”奥巴马将这一问题转变为谈论更宏大的美国理念的机会——努力争取一个“更完美的联盟”和“继续前人未完成的事业，为建立一个更加公正、更加自由、更加贴心和更加繁荣的美国而努力”。

在问答环节中要一直说实话（在其他环节也是如此，这很重要）。当你用谎话来敷衍听众时，他们能分辨出来，不要这么做。如果你确实不知道答案，那么，实话实说。“我本应当掌握这些资料，但是目前我还没有。活动结束后，如果你愿意给我你的名片，那么，我会找到那些数据并在周一之前交给你。”谁都不可能无所不知，承认自己不知道答案会为你赢得尊重和信誉。但一些演讲者在台上局促不安，试图掩饰他们的无知，这样的做法最让听众感到厌恶了。

最后，再返回到你的重复技巧。“这就是为什么今天，我们在此恳请大家批准这个项目的原因。”“这就是为什么我得出：假如你想靠音乐赚钱，那么进大学可能是你最好的选择这一结论的原因。”每一个问题都为强化你最初的观点提供了一次机会。

注 释：

① 丹尼尔·L. 夏克特：《记忆的七宗罪》，霍顿·米夫林集团出版（Houghton Mifflin），波士顿，2001年。

② 奇普·希思、丹·希思：《让创意更具黏性》，兰登出版集团（Random House）出版，纽约，2007年。

③ 凯斯·乔斯通：《即兴讲故事》，劳特利奇出版社（Routledge）出版，纽约，1999年。

④ 丹·罗姆：《餐巾纸的背后》（Portfolio公司2008年出版），美国管理协会网站资料，2008年4月10日，网址 http://www.amanet.org/training/articles/Picture-This.aspx.

⑤ 许多流行的表达都采用了比喻的修辞手法，比如：

“我累得要死。”（I'm dead tired.）
“她是我要追的女孩（她是我眼睛里的苹果）。”（She's the apple of my eye.）
“他说服了我。”（He wore me down.）
“我的心都碎了。”（I'm heartbroken.）
“力大如牛”（Strong as an ox）
“熊熊燃烧的爱火”（Hunka hunka burnin' love）
“一位老情人”（An old flame）
“极为恼火”（Boiling mad）
“狂热的节奏”（A feverish pace）
“热烈的争论”（Heated debate）
“热情的接待”（A warm reception）
“他们旧情复燃。”（They were kindling a new romance.）

一些著名的比喻如：
全世界是个舞台，
男男女女只是演员而已，
他们都有其退场和登场……
威廉·莎士比亚：《如愿以偿》第二幕，第七场，节选自《莎士比亚全集》1864年第一版。

我的朋友啊，你曾猎过山上的野马，原野的豹。
我们曾经踏遍群山，把一切征服，
夺取了都城，杀死了天牛。
曾经使“杉林”中的芬巴巴把罪遭，
但是现在，降在你身上的这长眠属何物？
——《吉尔伽美什史诗》，N.K.桑德斯（《中性》，企鹅图书，哈蒙兹沃思，英国，1960年）

现在是走出幽暗荒凉的种族隔离深谷，踏上种族平等的光明大道的时候。
——马丁·路德·金的演讲，《我有一个梦想》。德鲁·D.汉森：《马丁·路德·金传》，哈珀柯林斯出版社（HarperCollins），2003年，177页，我梦想有一天，甚至连密西西比州这个正义匿迹，压迫成风，如同沙漠般的地方，也将变成自由和正义的绿洲。”

——马丁·路德·金的演讲，《我有一个梦想》。德鲁·D.汉森：《马丁·路德·金传》，哈珀柯林斯出版社（HarperCollins）2003年，177页，

总统的宣誓有时面对的是国家的和平繁荣，但通常面临的是乌云密布的紧张形势。

——贝拉克·奥巴马，就职演讲，《旧约时报》上刊载的完整讲稿。见网址：http://www.nytimes.com/2009/01/20/us/politics/20text-obama.html.

……希望催生新的希望，更多的人将获得自由。通过我们的努力，我们点燃了火种，那火种在人们心中，它温暖着感受它力量的人们，它烧毁那些试图阻挠进步的人。总有一天，这无可熄灭的自由之火将照亮我们这个世界最阴暗的角落。

——乔治·W. 布什的第二次就职演讲。美国国家公共广播电台，网址：http://www.npr.org/templates/story/story.php?storyld=4460172.

不太有名的比喻如：

大风就像海浪，狠狠地击打着树枝。暴风仍在继续，当太阳西沉时，才停下来。风拍打着水面，卷起了浪花，将泡沫和枯叶推向了岸边。

老师搞了一个突袭，他突然来到了学生面前，手如利爪般伸进了学生的卷子里，把答案撕成了碎片，之后回去坐到了椅子上，开始沉思。

网址：http://www.writesville.com/writesville/2006/01/examples_of_met.html.

⑥ 乔治·奥威尔：《政治和英语》，见《乔治·奥威尔全集》，http://www.george-orwell.org/Politics_and_the_English_Language/0.html.

⑦ 感谢作家/研究员罗勃·鲍德卡对本部分内容所作的贡献。

⑧ 麦克·鲁：《学习的类型：对一种教学假说的检验》，经济合作与发展组织，网址http://www.oecd.org/dataoecd/42/13/34926352.pdf.

⑨ 三木五月女：《合气道原则》，波士顿香巴拉出版有限公司（Shambhala Publications）出版，1989年；瑞克·黑格斯：《合气道、不合作与非暴力》，东湾合气道，网址：http://www.eastbayaikido.com/articles/higgssatyagraha.html.

⑩ 乔治·拉科夫：《不要考虑大象》，切尔西绿色出版社（Chelsea Green），佛蒙特，2004年。

第二篇

演讲风格

锻炼声音 · 姿势与动作 · 表情和眼神

Part 2

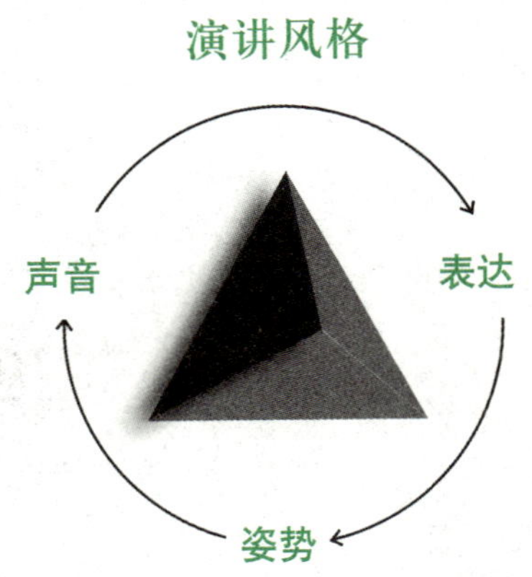

这个世界上有许多精明的人，但他们的思想却不为人知。为什么会这样，只因为他们缺乏演讲技巧。

有多少次你曾经目睹聪明、有才华的人士，带着绝佳的内容、深刻的见解，却将一场精心准备的演讲变成了一场灾难，因为当他讲话时自己已经崩溃了。你用自己的语言制造影响的能力，主要取决于你传达它们的方式。

观察任何选举都可以证明这一点。你通常通过一件事情就能预测谁会获胜：不在于他们的理念或他们的党派，也不是他们的职位或他们来自于哪个州——而是他们传递信息的能力。光有好的理念是不够的，事实不会不言自明。你要做的事情，就是让事实变得鲜活起来，将要说的话视为乐谱上的音符，但它们只是散页乐谱——直到你弹奏乐器时为止。人们看到的、听到的与你说的同样重要。事实上，在发言开始的时候，你的声音、你的眼神、你的面部表情以及你的音调都要胜过你的内容，因为在开始时听众就会作出是否要继续听下去的决定。我们提倡将二者相结合——将你伟大的思想与你的演讲风格结合起来，通过温馨、个性的演讲风格将思想变得鲜活起来。

在当今的环境下，什么事情都有可能发生。规则已经发生了改变，技术的运用和听众看待、体验他们日常生活事物的步伐已经使一切加速。听众集中注意力的时间已经大幅缩短。①在40分钟的时间里，按照逻辑顺序展示幻灯片无疑是自寻死路。传递信息有多种方式，但用66张填满文字内容的幻灯片淹没听众已经不再是最佳的选择了。

倘若你已经阅读了准备一节的内容，你就应当为听众准备了一条明确的、有关联的、长度适当的信息，现在你需要把这个信息传达出去。传达信息可以运用的工具是，你的声音、姿势与动作及表情与眼神。

注 释：

① 劳埃德TSB保险公司委托进行的一项新的行为研究表明：人们的注意力平均只能维持5分钟零7秒，而10年之前的研究结论是超过12分钟。“五分钟记忆”耗费了英国人160亿英镑。劳埃德TSB保险公司，2008年11月27日，网址：http://www.insurance.lloydstsb.com/personal/general/mediacentre/homehazards_pr.asp.

第四章　锻炼声音

许多人告诉我们，他们不喜欢自己的声音，特别是当他们听自己的录音时。不喜欢自己声音的原因之一是，他们的声音揭示了他们没有说出口的话，揭示了他们的内心状态。

在公司里，为了不被他人轻易看透，我们努力将声音扁平化，希望人们无法分辨出我们真实的感受。问题是我们彼此之间不得不相互去理解大量的信息。当发言者的演讲风格沉闷时，理解会变得更加困难。

我们并不是建议你一开始就唱歌，将整个演讲变成戏剧表演。我们提出的建议是：你应当学会将声音的细微差别转变为自己的优势。

你可能认为自己天生没有一副“好”嗓音。但是这就像那些从来不锻炼的人会没有一副“好”身板一样。你的声音需要打造，当你刻意地利用你的声音时，别人就能更容易理解你的理念了。你需要知道自己的声音是如何形成的，为了说明它的重要性，我们可以将其称为“雕刻声音”。

听起来似乎有点难吧?

我们已经花了多年的时间研究声音，因为身为演员和播音主持人，我们不得不这么做，那是我们谋生的手段。但是，有一种很有意思的看法——你也一样，你也要靠你的声音谋生。你的声音是使自己的想法为他人所知的工具。

伟大的表演家花了多年的时间琢磨他们的声音，然后将声音技巧运用到具体的环境中，使其听起来更加真实。但是，大多数人从来没有花哪怕是一小时的时间来研究这一工具，而我们每天都通过它交流思想和感受。从一出生我们就开始叫喊，一直到我们离开这个世界。我们很少想到像对待身体的其他肌肉一样，有意识地运用、塑造声音。

在有意识地开发、锻炼之后，声音与身体的其他部分一样，你也可以获得改进。以著名的总裁杰克·韦尔奇为例，他患有严重的口吃，但是通过不懈的努力和坚定的决心，他成了演讲大师。[①]演员詹姆斯·厄尔·琼斯，为达斯·维德这个角色提供了很棒的低音配音，但他也曾因口吃而苦苦挣扎，在近八年的时间里几乎无法说话。格莱美奖的获得者莎莉·西蒙在音乐和节奏的帮助下克服了语言障碍。

如果你打算花一点时间和精力在自己的声音上，就像你在体育馆对肌肉做的训练一样，你可以想象一下付出后的回报，你的努力将会得到多倍的回报。

—— 呼吸：积极调整，大胆发出自己的声音 ——

要锻炼声音，得先从呼吸开始，因为你的声音是通过呼吸带出来的。将一只手放在你的胸前，另一只手放在肚子上。当你呼气时，注意哪一部分会凸出来。当你吸气的时候，胸部凸出来而腹部缩进去，你做的就是我们所说的胸部呼吸。

现在练习这样呼吸，当吸气的时候，让你的腹部凸出感觉是在把手向外推，就好像里面装满了空气一样。当你这样做的时候，一块很有力、被称为隔膜的肌肉会向下弯曲，让氧气到达肺部下方的毛细血管。当你呼气的时候，隔膜会向上弯曲，放空肺部的气体。这叫腹部呼吸，它是专业的歌手和演员用来支持他们声音的呼吸方法。

当人们紧张的时候，胸部和喉咙会收紧，这样会阻碍气流。当你呼吸的时候，有意识地放松胸部和喉部，这样可以减弱音量。你不必大喊就会发出容易被人听见的圆润、浑厚的声音。

讲话时你不必提高音量，只需要更加大方就可以。专注于吸入更多的空气，然后随着你的发声将他们释放出去。大方的反面就是吝啬，即屏住你的呼吸，就好像要保证自己的想法不外漏一样。你呼吸急促会导致听众变得紧张。完全地释放你的呼吸，它会将你的思想一并带出来。

—— 多样化：让多变的声音提升你的语言魅力 ——

关于声音，我们能做的最重要的一件事情，就是让它富于变化。

千篇一律会让人厌烦。至于听演讲，我们听到的最多的抱怨就是，演讲者的声音太单调了。当跟认识的人说话时，你通常不会只用一种语调。但是，当你发布信息或数据时，由于这些东西来自于你的左脑，演讲就会趋向于单调。这样的演讲是苍白无力的，对此有怀疑吗？下一次出席会议时请仔细听听。

无论是电话、面对面的谈话还是面对一大群人发表演讲，听众是通过你的声音来感知你所说的内容的。无论你弹奏的是什么音符，你都要使它富于变化。这意味着你必须变成一个不同的人或改变你的个性吗？你的嗓子坏了吗？你的声音不好吗？绝对不是！实际上，你已经准备好了所需的一切。你的乐器是好的，你甚至不用多想就能优雅地使用它。

如果你跟朋友谈论自己的泛舟之旅或女儿的长笛独奏，你的声音会像任何专业的歌手一样包含了所有的音符，漂亮地表达你的感情。不幸的是，在最需要你声音的时候，也就是身处聚光灯下的时候，在压力之下，你的声音趋向于平淡了。

因此，如何才能产生多彩的、有趣的声音呢？千篇一律的对立面是多样化，把你的声音想象成一个有不同滑块和旋钮的扩音系统，包括：

❶ 音量。

❷ 音调。

❸ 节奏。

如下图所示，这些滑块和旋钮都可以独立地调高或调低。诀窍就是：学会如何运用这些滑块，每次只使用一个；接下来整体调整它们以创造声音的变化。我们将在后面的内容中讨论连奏、断奏和暂停技巧。

声音的变化

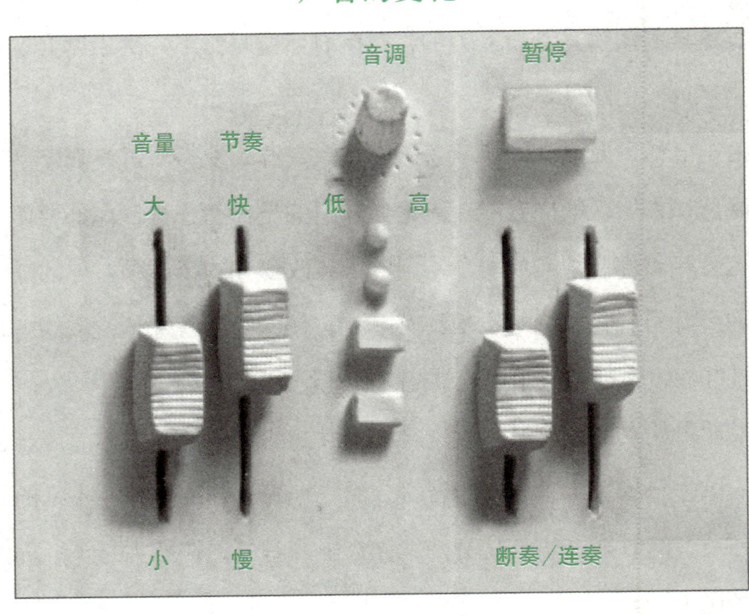

声音的多样化不是为了让你的声音更好听，而是为了照顾听众的感受，让听众听起来更舒服。这里简单介绍一下为了产生丰富的声音，你可以调节的几个要素，音频资料叫“声音的多样化”（可以免费从www.standanddelivergroup.com网站上下载）。对于如何练声以及如何扩大你的声音影响范围，我们已经提出了一些建议。这些都是从专业的戏剧演员那里获得的技巧，参加我们培训课的企业高管们都在运用它们。

音量是指你说话时的声音如何轻柔或响亮。在什么地方你应当放低音量？与通常想的不一样，提高声音并不是强调你观点的唯一方式。当你降低音量的时候，你是在释放这样的信号：接下来要讲的内容是很重要的。

设想一下你正在用自己的声音做瑜伽。看看当你到达不可思议的程度时会发生什么？让他人清楚地听到并理解你说的话，你的声音依然可以是非常轻柔。

锻炼轻柔地说话，然后提高你的音量，直到声音特别大。这被称为渐强音，用这种方法来建立一个高潮。

现在从高音开始，渐渐地将音量放低，直至非常安静，这叫渐弱音。用这种方式可能会非常有效。将最重要的观点用一种非常轻柔的、几乎是耳语式的声音说出来。注意，当你用电话沟通时，音量会趋于平淡。培养运用音量的变化表达不同情感的能力，要做到出人意料。

音调是指你声音的调子有多高或多低，它是衡量说话者情绪的一个关键指标。

当音调提高的时候，它意味着更温柔的情绪：欢乐、同情和慰藉。想象一下跟一个婴儿说话，你的音调会自然提高。我们会自然地降低音调以展示自信、权力和力量。大多数人通常用一个比较低的D音调，并且不会有太多变化，这意味着他们往往被视为权威人士。[②]

提高音调是释放同情和兴奋信号的方式。对于处理情感话题时需要表达同情和关切的男性管理人员而言，这是一种特别好的技巧。女性倾向于用较高的音调或者所谓的“头音”，意味着她们希望被视为是善解人意的。要释放权威的信号，女性应当培养在必要时降低她们音调的能力。

思想要灵活，要根据表达的不同意思改变你的音调。音调无所谓对与错，唯一错误的是你没有使自己的音调富于变化。持续的高音符会让你的表达失去影响，变得令人厌烦；持续的低音符会释放缺乏温暖和感情的信号。这不是弹哪个音符的问题，而是你是否能够在自己的音域里灵活运用音调展现出自己丰富的情感。试着改变你的音调来表达不同思想之间的差异。

让自己进入比通常情况下更高以及更低的音调范围。你能飙到多高的音？又能发出多低的音呢？对于女性来讲，锻炼胸部发声——这样发出的声音是暗色调，就像勃艮第葡萄酒和巧克力的颜色。对于男性来讲，重要的是训练亮色调：蓝色、粉红色和黄色。

节奏是指说话的速度。节奏本身也无所谓对错，用错节奏的唯一情况就是语速单一。

你说话的速度传递出你的兴奋和重视程度。如果你语速掌握得很好，放缓语速时会传递给听众这样的信息：你要讲重要的内容了。然而，如果你全程说话都很慢，听众会在之后的八秒时间里逃离。我们相信没有人说话会太快，用大脑处理听觉信息的速度要比你说话的速度快很多。我们通常称之为“太快”的问题实际上只是一个节奏问题。如果你找不到自己思想中自然停顿的地方，听众就不会有吸收你思想的机会。假如我们用一个不变的声音阐述我们的思想和文字，结果就是单调。

我们要用节奏塑造思想。一旦你用节奏将意思进行大意划分，听众就能够容易理解，那么，你就可以非常快地讲话而且听众也可以理解。强调一个句子中的重点时，要放缓语速。在相对不太重要的部分，你可以加快语速，在阐述你最重要的观点时，要慢下来。快慢本身无所谓好坏，重要的是语速的变化。有时候需要加快，有时候需要放慢。要想在很长的一段时间内抓住听众的注意力，想象一位出租车司机，有时候快，有时候慢，有时候还得猛踩刹车，乘客自然会一直集中注意力。多练习你的语速，避免产生我们预测的那种不良后果。

停顿不仅仅是不说话——它是你说话过程中的故意停留。它就像一种强大的但无人敢用的武器。为什么呢？大部分人担心如果他们停下来的话：（1）他们看起来好像不知道接下来该说什么了；（2）有人可能会打断他们；（3）他们将丧失气势。但实际上一次有效的停顿会产生更大的气场。有效的停顿就是到达一个要点的基础，就像高台跳水前的静止时刻一样。

用节奏、音调以及音量为你的停顿作准备。快说到你想表达的重要内容时，停顿片刻。你基本上以一种吸引听众对你接下来要讲的内容感兴趣的方式吊起了听众的胃口。“有一件事情我想与大家分享……”停顿，这会引起听众的极大好奇。停顿就是你为他人拥有一种体验创造的空间，那也是发现要点的地方。

专家提示 沟通在静默中产生。运用停顿。

音乐中，分节法是指在两个音符间换气或做出“停顿”。分节会让歌手理解一首歌的意思，并且避免因为呼吸而产生的尴尬停顿，说话时也是如此。分节的时候，我们会将一些词串成一组，因为将它们放在一起要比分开更合理。有时候在分节时，我们故意将一些词分开以示对它们的强调。这样做会创造出一种思想的音乐，倘若不是这样，那么要让听众理解我们说的内容是很难的。当你有效地分节时，你从头到尾贯彻了一种思想，并用你的声音将思想串起来。要刻意地将一个或两个词分开以示强调。你可以在www.standanddelivergroup.com网站下载有关分节的例子。

现在我们谈谈断奏和连奏。它们都是音乐术语，用来标记某一声音持续时间的长短。断奏是简短而快速的，连奏是绵长而流畅的。断奏时，每一个音符都得到了强调，或者体现了其价值。用它可以突出表述中的关键词语，如“是，我们能”。断奏是非常强大的，但是，如果你用的时间过长，那听众会疯狂的。连奏时，一个词连着一个词，而不是各自独立的。如“我有一个梦想”。连奏易使人听懂，但是时间长了会使听众昏昏欲睡。我们要再一次强调，说话和唱歌一样，关键是要富于变化，不要一直用同一种方式。

有效词是指短语中得到强调的词，它会让听众理解你想说明什么。就像使用荧光笔标出最重要的词一样，你可以通过变化有效词来改变整个句子的意思。“你想跟我一起去参加舞会吗？”“你想和我跳舞吗？”这是两个意思截然不同的句子。

选择一个短语，改变其中的有效词看看效果。强调的词语发生了变化，句子的意思也会跟着发生变化。唯一错误的选择就是别无选择。在开始的时候，你会不情愿、不自然，到了最后，就像所有的技巧一样，通过不断运用，它会变成你的习惯。一旦你开始关注有效词，你将自然而然地切中重要的内容。关键是，要清楚哪些是你要强调的词语。

你可以用下列方式增强语言的多样性：

临睡前给孩子读故事。给孩子读故事时，要分开运用声乐素质即音量、音调和节奏，一次只用一种。第一个晚上，读故事时尝试着只改变你的音量，增强或者减弱，用渐弱音或渐强音；挑选特定的词汇，大声地或者轻柔地读出来。注意使用改变音量从而改变意思的方法。第二个晚上，尝试着只运用音调来调节。变换你的音调，往上升或往下降。接下来，只运用节奏，练习连奏、断奏以及停顿；最后将音量、单调和节奏这三者结合起来练习。

大声读一本书给自己听。找一本出色的思想家写的、自己喜爱的书，比如拉尔夫·沃尔多·爱默生的书，每周大声朗读半小时。问问自己怎样才能将书中的思想变得鲜活起来。想象一下，你正在用你的声音演绎古典音乐，在你的话音中发现乐趣。马上开始朗读，在音符中徜徉吧。

跟着音频CD学习。跟进是一种学习技能，通过观察专家的表现可以学到你想要的内容。在网球场上，提高自己最快的方式就是与高手对打。我们学到的大部分知识，都是通过先看别人如何做，然后自己跟着掌握的。模仿是学习的最好方法，因此，在开车的时候，播放一张你认为声音特别有魅力的演讲家的CD，一边听一边跟着说。如果你觉得这样太过疯狂，可以戴上耳机，假装你正在打电话。任何你喜欢的CD都可以拿来练习用，相对而言，讲话人的声音要比他演讲的内容更重要。这个练习不是让你学习他人的口音，或者仅仅模仿他人说话，重点是当你模仿一位大家时，你可以通过放松自我来提高声音技巧。

下面推荐一些有声读物用于练习：

《永生的海拉》，丽贝卡·斯科鲁特著，卡桑德拉·坎贝尔朗读。

一部非常吸引人的有关遗传学、医学和种族政治学历史的非小说作品，讲述的是一个女人在不知情的情况下，将基因捐给科学界的故事，被《纽约时报》评选为2010年最好的图书之一。

《朗读者》，德国作家本哈德·施林克著，坎贝尔·斯科特朗读。

一部文笔优美，感人至深的畅销小说：一个有关第二次世界大战的浪漫、神秘、悬疑的故事。

《四个金发美女》，坎迪丝·布什内尔著，辛西娅·尼克松朗读。

有关内疚快感的鸡仔文学作品，尼克松的朗读夹杂着讽刺。

《哈利·波特》系列书，由J. K. 罗琳著，斯蒂芬·弗雷朗读。

不可错过的儿童经典之作，由英国声音大师斯蒂芬·弗雷阅读。

对你的情侣读诗。晚上下班时，在回家的路上，买一本巴勃鲁·聂鲁达的《二十首情诗》。对声音而言，诗歌就是糖果，你会因制造了一点浪漫气氛而获益良多。

彼　得

我在南加州大学读书时，著名的约翰·豪斯曼担任戏剧系主任。我去见他，说：“豪斯曼先生，我想成为一名导演。我应该去哪里学习呢？”

“我的孩子，”他一边用英式英语回答，一边整理了一下领结，“如果你想成为一名导演，做什么都可以，就是别去研究生院。”

“那我怎么学习呢？”我问道。

“像别人那样学习，”豪斯曼说，“去看看大师是怎么做的。画家学画画，雕刻家学雕刻，都是用的这种方法，在教室里你学不到什么东西，伟大的艺术家总是会有人追随，找到这样的人去观察他，并且在他的基础上提高自己。”

那正是我所做的。如果那样的方法让约翰·豪斯曼获益良多，那么，对我也一样。

注 释：

① 杰克·韦尔奇、约翰·A. 拜恩：《杰克·韦尔奇自传》，华纳商业图书出版公司，纽约，2003年。

② 乔治·尤尔：《语言研究》第三版，剑桥大学出版社，纽约，2006年。

第五章 姿势与动作

演讲风格的艺术就是，让你运用身体的形式与你要传达的信息保持一致。

“一致”被定义为“聚合在一起所达到的状态：一致的状态”。在沟通中，这意味着你的语言要和表情、身体、眼神都处于一致的状态——它们同时表达的是同样的事情。当人们带着真诚行动时，看起来就是一致的。一致就等同于信任。

当嫌疑人回答问题撒谎时，警察会观察他是否缺乏一致性：他的声音、眼神和身体是不是存在不协调的地方。我们的大脑会下意识地记录这些细微的不一致之处，并由此产生不信任的感觉。“他的眼睛有些不自然——我不知道为什么，但我刚刚对他产生了一种有趣的感觉。”受害者事后汇报说。

这就是存在问题的地方：当你站在台上的时候，处于“杏仁体劫持”之下，恐惧在你的身体里四处猛撞，这会让你表现得不一致。当你说“我确定我们能做到这一点”这句话时，你可能全身心地相信你说的话——但是因为恐惧，你的下巴却皱了起来。听众将认为你说的内容不真实，因为你的话和面部表情不相配。如果你说：“今天能与你一起度过，我确实很兴奋。”但你的双臂抱在胸前，你说的话和你的身体表现的完全是两码事——听众将不会相信你，他们无需知道为什么你会有这样的表现。如何解决这一问题呢？在本书的第三篇，我们为你提供了克服恐惧的长期解决方案，说的都是如何把握演讲的状态。但现在，让我们先关注一些直接改善身体语言的建议。

一些演讲培训师会教给你特殊时刻做的特定手势，我们并不打算这样做。我们认为只要你是活的，你的身体就会以适当的姿势伴随你说的话——它完全有能力做得非常出色。你必须做的就是摆脱自身的束缚，让你的身体和你要表达的意思结合起来。就像莎士比亚说的："怎么说就怎么做，怎么做就怎么说。"

专家提示 让你的身体与你所说的话保持一致。

要做到这点，其实不需要什么特殊的装备或培训。从你还是个婴儿时，你就在做这样的事情了。你只需要让你自然的灵感流露出来，同时有意识地用一些技巧就可以了。文化会造成距离、手势和风格的细微差异。但还是有一些普遍使用的有关舞台艺术的核心原则可以为你所用。

—— 当众讲话：肢体语言让演讲更自然有力 ——

在台上讲话是最充满力量的，同时，对于大多数人而言，也是最恐怖的。这是一个专门为演讲者而准备的位置，这是赢得选举的地方，也是缔造历史的地方。有一些技巧可以帮助你掌握这样的演讲形式，让你在台上看起来比较自在。

计划你的入场方式。当你可以掌握自己的入场，从舞台右方进入，并且穿过对角线走到前面。舞台右方是指演讲者的右方，如下图所示。“舞台前方”是指舞台上离听众最远的区域，“舞台后方”是指舞台上离听众最近的区域。

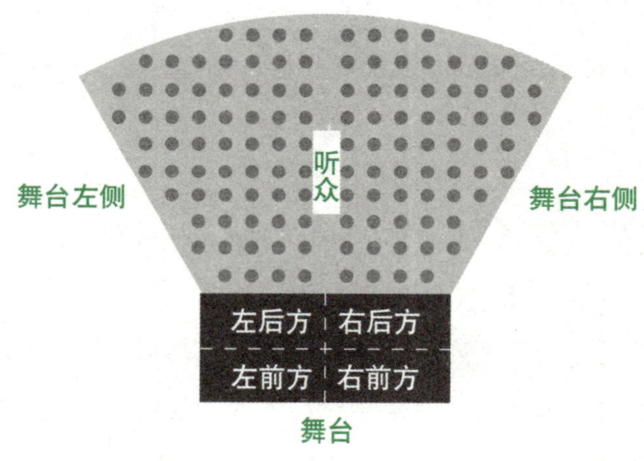

西方文化中，读书时是自左向右，从听众的左方进入并且移动到他们的右方会给你一个积极的联系。在电影中，你经常会注意到好人总是从观众的左边进入，而坏人总是来自于观众的右方。在面对听众之前，你可以到角落里站一下，你将有宝贵的时间做一下调整以适应灯光和听众的目光。找一个微笑的理由，在你踏上舞台到达讲台之前与听众进行眼神交流。通过这样的方式，在你开始讲话之前，你已经在与听众打交道了。从舞台右侧进入这个原则也有一个例外：如果你必须与某人握手，那么从舞台左侧进入有利。这样，当你握手的时候，身体将面向听众，站在舞台右侧的人将不得不背对听众。

可能的话，尽量避免从听众席上入场。这是最糟糕的入场方式——因为，在前几秒的时间里，除了你的后背和你的臀部，听众没有什么可关注的。当你转过身的时候，灯光和听众的目光会突然打到你的身上，会引发“杏仁体劫持”的状况。

找到能量点（power point）（不是指幻灯片软件power point）。如果你可以选择的话，对将要站立的位置要有一个战略性的考虑。在每一个舞台上都有一个能量点，通常情况下，它是离听众尽可能近的一个点，同时在此位置还能保证外围的听众都在你的视线之内，即第一排最边上的人也在视线范围内。

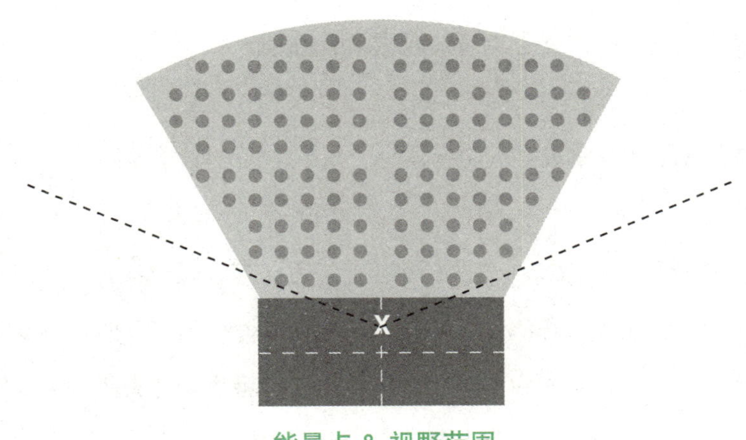

能量点 & 视野范围

在开口演讲之前，有三件基本的事情必须你去做：

❶ 停止片刻。登台之后，到达你站立的地点，停下来，静静地伫立片刻，什么也不做。那一刻，一切似乎静止不动了，但正是在那片刻的寂静

中，你像聚光灯一样将听众的注意力集中到了你身上。更重要的是，你利用这片刻的时间适应了新的环境。你可能只需要一秒的时间，但是，倘若没有这样的时刻，直接开口发言，就没有真正地将自己与听众连接起来。

❷ 呼吸。这是每一个运动员在比赛之前都要做的事情——呼吸。当你吸气的时候，你将生命、能量和意愿带进了你的身体。这一小小的动作会让你的眼睛发亮，为你开口讲话做好准备。

❸ 看。寂静中，在呼吸的过程中，看看你的听众并且让他们能看到你。在开始讲话前，你正在利用最初的七秒向听众传达他们需要听的最重要的信息："大家好，很高兴见到你们。"即使由于聚光灯的原因你看不到听众，也要假装你能看到，并尽可能清楚地想象他们的脸。

以下列出了紧张时最常见的身体症状以及建议的处理方法：

❶ 双手颤抖。手握一件东西：遥控器、笔、书或笔记本，这样你的双手就有事可做了。避免把你的双手插在口袋里或紧握在胸前，而且不要拿着一杯咖啡或一瓶水出现在舞台上——这样会让你看起来太过随便。不要使用激光指示器。无论你做什么，都不要在手里拿着松散的一沓纸——那样会放大颤抖效果。

❷ 双腿颤动。穿宽松的裤子，切记，不要穿紧身裤子或裙子，因为它们会突显你的颤抖。来回走走，让血液流通起来。你的身体正在被注入能量，找到释放并燃烧它们的理由。

❸ 汗流浃背。如果你出汗很多，将你的夹克穿在身上，并确保手边有纯棉质的手帕。没有人愿意等着看汗水从你的额头滴落下来——因此，在必要

时将汗擦掉。

❹ 口干舌燥。处理这一问题很简单：喝水。确保当你讲话时，附近有水，需要时停下来喝一口，不要因此感到不好意思。

❺ 声音颤抖/嘶哑。要用稳定、一致的声音说话，你需要让一定量的空气以一定的速度带动声带。如果你的声音听起来有些奇怪，那说明呼吸存在问题。屏住呼吸或浅呼吸是恐惧之下的自然反应，为了抵消这一影响，做深深的腹部呼吸。这样做既能解决你的声音问题，同时又有助于稳定你的紧张情绪。有关腹部呼吸的更多内容，见第四章。

❻ 面红耳赤。有一些人——通常是皮肤白皙的人，一旦到了舞台上，脸就会变得通红。如果你是这样的人，不要担心。即使你感到自己的脸是灼热的，听众也不一定会注意到这一点。深呼吸并且继续下去，如果你不因它而痛苦，那么听众也不会。

双手

当意识到威胁时，你会本能地将双手放在身体前面，以保护自己的核心部位，这样会导致讲话者在台上做出一些奇怪的姿势。

开始演讲时，倘若你的双手处在下列这些位置，那就说明有问题了。在整个谈话中，你的双手都将这样被困在那里。

❶ 暴龙——双臂垂在胸前，双手吊着，活像一只恐龙。

❷ 遮羞布——双手挡着生殖器部位。那真的是你想要听众关注的地方吗？

❸ 背着手——让你看起来像个士兵。

❹ 双臂交叉——你可能感到很舒服，因为你被保护起来了，但这种姿势与慷慨的情绪和分享的情绪不一致。

❺ 一只手插在口袋里，抖动着——人们会猜想你到底在干什么。

如果你是在分发礼物，要确保你的身体也体现了这一点。当我们分送礼物的时候，我们应主动张开双手，在肃立中开始演讲。肃立本是一种放松的站立姿势，抬头挺胸，双臂自如地垂在身体的两侧。一开始你可能会感觉这种姿势有些别扭，因为你不得不克制保护自己核心部位的冲动。但是从听众的角度来看，这样的姿势看起来太棒了。如果你从肃立开始，那么，当你开始讲话时，你的双手就能够自如地活动，自然地与你说出的话相一致，就像它们在你的日常生活中做的那样。你不必一直都保持这样的姿势，只在开始时运用即可。

积极使用摊开的手掌。手势都跟手掌面对的方向有关，手背传达的意义则不大。当我们给东西以及接受东西的时候，大多数情况下，我们的手掌总是向上的。为了见证手势的力量，请看看文艺复兴时期的画作——经常强调张开的手掌。向下的手掌意味着权力、力量、支配和肯定。摊开的手掌则是慷慨、共享、开放的象征。在问答环节，当你邀请他人提问时，要一直摊开手掌，而不能责难似的用手指指着他人。

站在讲台前

总的原则是，你与听众之间的障碍越少，距离越近，沟通的效果就越好。利用讲台既有优点也有缺点。它给你提供了一个避风港，当你感到紧张时，它是挺诱人的。但讲台也将你限定在了一个位置，并且挡住了你大部分的身体，因此，你的表达工具仅限于上半身。如果你站在讲台前，记住它是让你放底稿的地方，而不是支持你身体的地方。不要抓着或靠着讲台，这会让你看上去很脆弱，就好像你支撑不了自己的身体似的。你的肩膀耸起，脖子消失了——这不好看！如果你紧握讲台的两边，听众可以看见你白皙的指关节，这会传达出一种害怕的信息。相反，让你的双手自由动弹，然后你可以利用它们强调你的重点内容。

正如你将在下一章所看到的那样，我们并不推荐你在演讲时读一份准备好的底稿。但有时候，这样做是必要的。如果你不得不走上讲台读讲稿，那么，有一些基本的技巧需要掌握：扫视一下底稿，记住上面的话，开始演讲，需要的时候再返回去瞄一眼。一次与一个人建立联系，争取形成开放和透明的感觉，就好像在你的面前拉开了窗帘。这样做可以让人们理解你是怎么想的，避免看起来像只摇头狗玩具。不要以同样的动作而且大幅度地上下看。在脑海里将听众分为四个象限：前、后、左、右。当你往上看的时候，随机地与左边的某个人建立联系，然后是右边的人、前边的人等。尽量把自己的时间均摊在四个象限的听众上，确保你不会忘记后边的听众。

如果一切顺利，在你发现自己走路还比较平稳之后，可以考虑离开讲台往前面走走。是的，这听起来吓人，我们也知道这一点，但这是一个有着令人难以置信的力量的动作——是高手们做的动作。向前走本身就是有意义的，当你与其他人接近的时候，这是一种开放的表示，听众会欣赏你的这种行为。你通常要穿过对角线，走到舞台的中央。记住，要带着你的提示卡走！

你应该什么时候走动呢？在你的演讲中，有我们称之为连接语和着陆语的阶段。连接语就像结缔组织，将一个点与另一个点连接起来。像“我们要怎么做呢”或“我们为什么如此自信”或“让我们来看看去年的数据”，都是连接语。它们本身并不重要，不是你要表达的主要观点，只起到承上启下的作用，将一个思想与另一个思想联系起来。连接性语言是你移动身体的好时机。你用自己的身体释放出一个信号：你将要转到新的内容了。

着陆语是指你想要特别强调的用语。当你说某个要点的时候，灯泡亮了。“我们打算进行还击，用事实！”强调着陆语的时候，你要站着不动，不要在说着陆语的时候走动，这样会降低你所说内容的重要性。

那么，这些如何体现在演讲台上呢？当你说连接语的时候，如说“我们要怎么做呢”时你可以在场上走动，然后，停下来，开始说你的着陆语：“我们打算进行还击，用事实！”

恭喜你，你已经有足够的勇气离开讲台这个安全的场所了。下一步该怎么做，在舞台上有三个基本的位置：舞台左侧、舞台右侧以及舞台中央。将这些位置当作三个基地，随机地分配你的时间。花60%的时间在舞台中央，20%的时间在舞台右侧，以及20%的时间在舞台左侧。变动你的运动形式，不要总是走右——中间——左的路线，要打破惯用的模式。

当你走动的时候，不要四处游走、不要徘徊。你需要一个走动的理由，我们称之为动机。在舞台上，你从一个地方移动到另一个地方的动机，应当是想与听众更接近。你已经在舞台的右侧待了一会儿——舞台左侧的听众呢？你移动到舞台左侧，只是想轻轻地收集那些可怜的被遗忘的灵魂，让他们重新回到你关注的圈子里，像一个优秀的牧人一样。注意：要确保灯光设计师知道你离开讲台的打算，你也不想消失在阴影里吧。

如果你需要回到讲台，给自己留出一些时间。不要背对着听众传达你的关键信息。当你做了我们称之为“横穿后台”（穿过舞台，逐渐远离听众）

的动作，你可以像一只帆船一样，缓慢地驶向舞台左侧以及右侧，也可以走长线。如果你要走长线，确保走的是对角线。这样你仍然可以给听众一个轮廓，而不是仅给他们一个后背。不要倒退着走路！这会让你看起来愚蠢，而且很危险——你可能会被绊倒。

如果你需要穿过舞台后方，那么让你的眼睛离开听众大约七秒就可以了——不要再长了。七秒足够你走到任何舞台或者平台的后半部分了。让你和听众的联系中断的时间尽量短一些，你是他们的向导，不要把他们扔在黑暗中。

尚　恩

大学毕业后，我到了伊沙兰学院接受按摩治疗师的培训。该学院位于加利福尼亚州的大苏尔，是人类潜能运动之家。按摩是在露天的红木阳台上做的，在那里可以俯瞰大海。按摩师是世界上最好的之一。教给我们的一课就是：永远不要让自己的手离开客人。你必须时刻与你正在按摩的身体接触。你的工作就是要让客人感到安全、受保护。

在演讲中与听众打交道也是这样的道理，重要的是联系的持续性。听众相信你会与他们保持联系，并且运用你的经验引导他们。把你的手一直放在身体上——你的工作就是保持完整的连接。

如果你正在进行正式的演讲，你必须大声地发言，那么你可以做的最有力的一件事情就是找到一个你可以离开讲台走过去的地方，与听众贴心地交流，然后再返回到讲台完成你的演讲。这会让你得到与听众以非常个性化的方式交谈的机会，与演讲当中读底稿的部分对照一下，这会使亲密度更强。

当你必须播放幻灯片，且想与听众有更加密切的联系时，这里有一个能将二者结合起来的技巧：进入并直接走到前台的中心。打开台下的灯（照在听众身上的灯光），也打开台上的灯，这样你可以看到听众并且容易与他们联系起来。在这里讲出你的坡道和路线图。在讲完路线图时，为了获得大家的认同，你可以提出这样一个问题："各位听起来觉得怎么样？"接着可以穿过舞台走回讲台，让台下的灯变暗，然后开始演讲幻灯片部分。在你的三个发现要点和总结之后，重新打开台下的灯，离开讲台进入问答环节。这样会让你看起来平易近人，并且用一种邀请对话的方式走向提问者。最后待在前台送上你的甜点——这是你结束发言最有力的地点。

—— 桌子技巧：眼神交流突破桌子的限制 ——

无论你是坐在大会议室、小会议室的桌子前还是餐桌前，许多演讲适用的原则都是一样的，当然会有一些小变化。在你开始说话之前，停止片刻，呼吸并且看着听众。说话之前身体向右前方倾斜会吸引听众的注意力。肃然就座意味着你的肩膀和你的臀部呈直角，你的脊柱以你的双手能够自由活动的方式支撑着你的身躯。就好像在讲台上一样，不要倚着你的胳膊肘——原因也一样，这样的动作会让你看起来柔弱，别人看不到你的颈部。把手放在桌面上，避免把手放在桌子底下。需要的时候，你应当运用它们做手势。不要敲桌子，不要戴一碰桌面就会发出声响的珠宝首饰，不要拨弄你的头发。尽量避免分心，并且在你想要说出一个要点的重要时刻，创造安静的氛围。新手会抽搐、烦躁，而老手会利用寂静创造一种存在感。你是新手还是老手？倾斜会创造亲密感和重要感。会给他人发言留下空间。在一张桌子上，你的位置的细微变动会在无意间释放一组强烈的信息，因此，要注意你的身体姿势释放的信息。用你的眼睛进行连接的对话。对屋子里的所有人说话，包括所有的听众，即使最终的决策只是由一个人作出也要如此。决策制订者并不需要你所有的时间都盯着他——因为这会让他感到很疲惫。

迟到的人进来后，不要用责备的眼光盯着他，要花一点时间许可并且热情地欢迎他，可能的话与他握握手。说一些诸如“很高兴你能到，那里有你的位子”之类的话，然后接着讲话。如果听众很多，你无法到他身边和他握手，那么就说一些欢迎的话。如果你只是瞄了一下他，或者忽视了他，他会感觉自己遭到了严厉的斥责。一般的原则是这样的：永远不要在一群人面前羞辱任何人。这会让被羞辱的人产生敌意，让屋子里的所有人感觉不舒服。永远不要忘记听众和迟到者是站在同一战线，而不是和你站在同一阵线。如果你欢迎迟到者，每个人都会放松下来，会场里也会弥漫着温馨的气息。停下演讲做这样的事情不是浪费时间，它不仅会增强你与迟到者之间的联系，而且会增强你与所有听众的情感联系。

彼　得

在做培训的时候我们从来不做任何宣传。我们完全依靠口耳相传，因此，我们客户的反应对我们来说是最重要的。为了即时追踪我们正在做的工作的效果，在每次培训结束时，我们都会要求客户填写评分表。分数普遍挺高的，但是有一个外围分数经常是明显很低的。这引起了我的注意，经过调查，我开始意识到低分似乎总是来自于那些迟到的人。为什么会这样呢？在经过一番思考之后，我想到了一件事情：如果一个人迟到的话，有两种可能的原因：一种是确实出现了紧急情况，如车子抛锚了，或家里的小孩生病了，在这样的情况下，人们将会是非常紧张的。另一个迟到的原因是内在的，迟到的人是反叛型的，他总是在课程进行过程中出现。曾几何时，当迟到者到场的时候，我只是瞄他一眼，然后接着进行我的培训。我被打断而产生的恼怒无疑体现在我对他的一瞥当中，迟到者觉到受到了斥责。因此，我调整了自己思考迟到者的方式。

迟到者，无论是当天早晨遇到了紧急问题还是仅仅是个叛逆型的人，都是需要特别关注的人。我开始通过给予他们额外的关注进行实验。我会走到那个人跟前，握着他的手说："很高兴你能来。"然后给他找个座位。然后，房间里的每个人都松了一口气，每个人都放松了。后来，外围的低分也消失了。

演讲或者开会过程中，当人们开始交头接耳、窃窃私语时该怎么办？如果说话的人在第十八排，而你在大礼堂的舞台上，不能到达说话人的面前，或者你们都坐在桌子旁，你不能走动，那么你只需要让自己的讲话变得更有趣就可以了。

如果你能够四处走动，轻轻地向那些说话的人走几步——但是不要看他们。朝他们移动会让听众的注意力从说话者的身上转回到你这里，而且说话的人通常也会停止说话。

如果他们继续窃窃私语，你就盯着他们看，但要尽量不中断你的讲话。坚持讲话，就好像你说的内容是专门为他们设计的治疗方案一样——你的目的不是为了羞辱他们，而是为了给他们特别的关注。如果在此之后他们还照旧说话，找一个演讲中你能够停下来的地方然后说："在此停一下，让我先回答你们的一些问题。"

第六章 表情和眼神

在你穿戴的所有东西中，表情是最重要的。

——佚名

变换你的表情比买一件新衣服要廉价得多、容易得多，而且发挥的作用要大得多。

你的大脑就像一台超级电脑一样，从你身边人的脸上搜集数以万计的微妙数据。你的潜意识在不断地组织和综合这些数据。[①]眼部周围肌肉收紧，瞳孔扩张，汗水从发际流淌下来——你随时都在感知和解释这些提示，你的听众也是如此。

这种解释过程会给你一种有人在撒谎的“感觉”。就像你的身体一样，如果你说的话是一回事而你的表情是另外一回事，那么听众会疑惑不解或混淆不清。因此，确保脸部表情能与你自己正在说的话联系起来。如果你开头说的是“见到你们很高兴”，但听众看不到你脸上有任何高兴的表情，那么在最初的七秒时间里，你已经将自己置于一个不被人信任的境地了。如果你告诉团队的是“我为他们所取得的成绩感到骄傲”，他们会盯着你的眼睛看，无论你内心是怎么想的，都会首先在你的眼睛里显现出来。因此，最好敞开心扉，让团队的人看到你眼睛里闪现的光芒。不需要什么特殊的装备——只要真实就已足够。

—— 面部肌肉：丰富的表情感染听众 ——

通常情况下，我们花大量的精力克制我们本能的情感，特别是在商务场合中。为了有效沟通，你必须扭转这一局面。我们不是说要像牙膏广告中那样露齿而笑，但许多人在跟他们的团队成员说“能与你们一起共事很高兴”时却一脸苦相。

为了弄明白你的脸上正在传递什么样的信息，给自己拍一个短片。花一两分钟时间观察自己说话时的表情，你会注意到什么？你脸上的习惯性表情是什么样的？你的脸精确地反应了你的情感吗？有时候当你意识到你的脸部表情是多么不赞成或暴躁的时候，你会大吃一惊。如果你的脸部肌肉没有被激活，那么它们倾向于表现出不愉快的表情。如果你完全没有感觉到这一点，那是你的疏忽。在开会的时候，有多少人看到了你脸上的这种表情？

人的脸部有43块肌肉，[②]大多数人平时只用其中的三块。照照镜子并且用瞬时的微笑激活你的肌肉，轻提你眉毛上面的肌肉，注意它是如何打开你的眼睛，将另一块面部肌肉拉上去的。如果你确实对另一人感兴趣并且关注他，你的脸看起来会是怎样的呢？

除非你正在谈悲伤或痛苦的事情，不然，你能做的最好的事就是在走上舞台之前，想想能让自己面露微笑的事情。不是得意地笑，而是展现快乐心情的一般状态的笑。笑容应当反映出你在这里发表演讲的乐趣。如果你能找到一个私密的地方作准备，那么，在脸上展现出一个大大的露齿笑容并坚持一会儿。笑容具有强大的“后遗效应”，当你走上讲台时，脸上会一直保留着笑容。

在你上台之前，要唤醒你的脸。做做脸部瑜伽，拉伸脸上的肌肉。人到中年时，因为我们仅仅重复使用一些固定的表情，我们大多数人的脸部肌肉都不灵活了。就像跑马拉松之前运动员做的一样，唤醒你的脸。当你发出“啊啊啊”的声音的时候，让脸上的所有器官——眼睛、嘴巴等——尽可能地张大、拉宽。现在，当你发出“呜呜呜”的声音时，让你脸上的所有器官尽可能地收缩变小，虽然这看起来可能像个傻瓜一样。托住下巴，用食指按摩脸部太阳穴下面的肌肉，将上下颌肌肉连接起来；向发际的方向上抬眉毛，向鼻子的方向尽力下拉你的眉毛；把你的手掌放在脸颊上并且绕着揉动脸颊；集中精力让能量和血液积聚到脸上。

—— 眼神：直面听众，进行“连接的对话” ——

人的眼睛是最重要的沟通工具。如果我们说话时看不到对方的眼睛，很容易就对他们产生不信任的感觉。[③]我们通过他人的眼睛以及眼部周围肌肉的微小变动获得大量的信息。

沟通指导手册上通常建议你与听众做“眼神接触”，这样做会导致你快速地将眼睛从听众身上移开，或者叫扫视。扫视是你那历经时间磨砺之后幸存的大脑提供的一种礼貌的反应。当你的周围全是人，就好像你在丛林中被动物包围一样，你会扫视一下看看处境是否危险。人们遭受“杏仁体劫持”的一个原因就是，遇到威胁时他们的眼睛做同一件事情——扫视。快速的眼部运动与被猎杀、妄想、焦虑和恐慌的感觉相联系。④另一方面，当我们真正与他人接触时，我们的眼睛会看着对方，目光停留在他的身上。我们天生是带着好奇心看其他人的。观察一个小孩，你会发现，他们会睁大眼睛并且看得很投入。

从生物学的角度来讲，我们不适合同时对多人讲话，甚至，你都不能同时与两只眼睛对视。下一次当你与某人位置很近并且跟他讲话时，可以试试是否如此，你会发现，必须将关注点从一只眼睛转移到另一只眼睛。因此，当有500位听众在你面前时，该怎么办呢？最好一次只对一个人讲话，而不是进行扫视和做“眼神接触”。我们建议你进行“连接的对话”。

就“连接的对话”而言，你一次只看一个人，并且直接对他们说话。直到你第一次需要停顿或一种思想表达完毕之前，你的目光都停留在一个人身上，然后，再转移到另一个人身上。这样的话，你的目光在每个人身上停留的时间大致是三秒。

专家提示 别再想着“眼神接触”，直接进行“连接的对话”吧。

如果你要对众多听众讲话，那么在脑海里，将面对的听众分成四个象限。

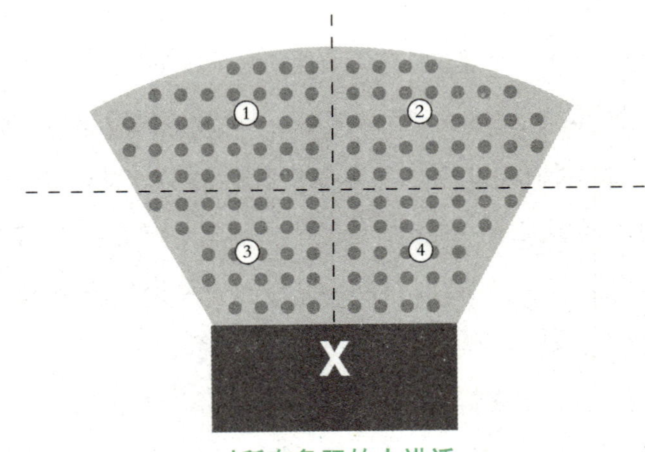

对所有象限的人讲话

如果你从左后象限的一大群人中挑中了一个人，那么，他周围的十个人都会认为你在看着他们。将你的目光停留在那个人身上，就好像你整场的演讲是特别为他而做的。找到你的凝视点，警惕眼神散漫或向四周扫视，然后再慢慢将目光转移到下一个人身上。要确保你的目光是随机地从一个象限转移到另一个象限，目光所及之处要包括所有的听众，不要犯经常性的错误——将90%的时间给了5%的听众。你需要说服的人可能在后排，如果你从来不看他们，他们永远不会感觉到自己也在你讲话的对象中。

如果你在听众面前正确使用了你的双眼，即使听众有上千人之多，大多数的听众在离开会场时都会觉得好像你直接对他们讲话了。你可以用眼睛做的另一件事就是引导听众的注意力，你看哪里，听众就会看哪里。如果你想将他们的注意力引向媒体、幻灯片或其他人，你必须转动身体，自己先看着关注的对象。当重新连接的时间到来时，往前迈步并且将听众的注意力再次拉回到你身上。

专家提示 你看哪里，听众就会看哪里。

听众创造了与演讲者之间的联系纽带，当演讲者让听众看幻灯片时，意味着这一纽带就断裂了，消失在了黑暗中。

你的眼睛是你存在于会场中的证明。在整个演讲中，不要浪费时间盯着讲台、天花板或你的幻灯片。讲台不需要跟你之间有一种连接的感觉——但听你讲话的人需要。

—— 提示物：记住你的演讲要点 ——

公开发表演讲的人最担忧的一件事就是："假如忘了要说的话该怎么办？"

处理这个问题很简单：用提示物。让我们在此揭开舞台上使用台词提示的神秘面纱。提示不是代表脆弱的拐杖，而是明智的工具。以贝拉克·奥巴马为例，全世界绝大多数人都认为他是一位顶级的沟通者，但奥巴马经常用一沓提示卡。如果提示卡对奥巴马而言是好工具，那么，对你而言也是。

提示物成为实际可用的工具有几个原因。首先，它们可以驱散焦虑，让你放松下来，专注于你的演讲。

其次，提示物可以防止"记忆效应"的产生。当演讲者花太多的时间和精力去搜索记忆的内容时，他就无法与听众建立联系了。背负着沉重的、不必要的负担，演讲者的声音会变得平淡，眼睑低垂，身体瘫软，别人也听不清他的声音。有时候你会发现演讲者的眼睛瞄向左上方或右上方，好像正在从他自己的前额里读出要说的内容。最好避免出现这样的情况！

最后，我们认为使用提示本或提示卡说明演讲者很重视准备工作，也说明演讲者自身确实做了很多准备工作。实际上，即使记住一个简短的发言内容也要花大量的时间，我们大多数人都喜欢发言者把时间花在自己的工作上，（而不是记住发言的内容）——特别当发言者是一位首席执行官或者美国总统时。

因此，带着提示物是完全被人认可的，只要你将大部分的时间花在了与听众的联系上，让他们看到你的眼睛。我们在此推荐的方法是来回看提示物和听众。瞄一下提示物，获得信息，花片刻时间在脑海里进行一番整理。在这一刻的时间里，你通过大脑过滤一下信息，将你的个人思想与表达灌输进去，再允许它们冒出来，听众想要听到的是经过你改造之后的内容。这是一个神奇的时刻，信息的价值增值，数据也从一种文件转变为你独特的演讲内容。原则就是：捕获、内化以及再连接。

在会场上可以运用的提示工具有很多种：

❶ 记事本上列出的大纲。

❷ 提示卡。

❸ 幻灯片。

❹ 屏幕提示。

❺ 挂图。

这些都是很好的方式，选择哪一种要看你的偏好以及你发表演讲时的环境。

不过，我们建议你在非正式的讲话或演讲中避免使用以下两种方式：一种是你逐字写下底稿，然后记住每一个字。正如前面所讨论的，这样做会产生负面效果。我们很少听说有人能用自然的方式在演讲时将熟记的底稿讲出来，这样做需要耗费难以置信的时间和精力，而且，如果你忘了一行字或一个短语，通常你的整个演讲就被毁了。除非要求你做一个正式的书面发言，否则，尽量不要用熟记底稿的方法。

另一种我们认为效果不太好的方式是逐字写下演讲的整个底稿，上台后只是大声地读给听众。除非你是一位奥斯卡获奖演员，朗读演讲稿听起来就像是在读剧本一样。这样做的结果是，你的演讲就好像是数据汇报。从眼神到声音，你的演讲单调至极，没有任何细微的差别和情绪变化。如果你坚持使用这种方式，那么就借鉴出色的演讲家们的做法。他们能让一次照底稿宣读的演讲变得鲜活起来，就好像它是第一次被人表达出来。他们在停顿或找词的间隙中运用表演的技巧，就好像他们是在现场才找到合适的语言表达。当心——这要比想象中的难。但是不论你做什么，都不要照本宣科，好像你将昨天的剩饭、剩菜热了一下又端上来一样。良好的沟通需要你和听众心意相通，共同发现，不要带给他们过时的、陈旧的思想——要向他们传达看起来和听起来都新鲜的内容。

一种例外情况是：当你发现自己身处法律、外交或记者招待会的情形时，语言简洁是极其重要的。在这些情况下，无论如何，都要宣读或记住事先准备好的稿子——但要让听众看到你的眼神。

我个人喜欢的方式是在记事本上列出关键的要点大纲。还记得你学习列五级大纲的时候，要用罗马数字标记要点吗？我的大纲就是那个样子的，列在一个不引人注目的黑色笔记本上。把你的大纲放在讲台或桌子上，需要的时候看一眼，这样，你就不会迷失自己。你可以提醒自己关键要点，但是要靠你的大脑找到恰当的词汇表达——这会让你的演讲听起来新鲜而自然。就像是棒球比赛中的击球手，这样的方式会让你一次只关注一件事情。在你击中球之后，你必须集中全力跑向一垒——必须传达出你的第一个发现要点；一旦你跑完了一垒，然后开始跑向二垒；当你到达二垒的时候，你又要跑向三垒；你不必考虑路上的每一小步——你只要击中关键的点，一次只要实现一个目标就可以了。

很多演讲者选择在台上使用提示卡——这是一种好的选择，因为它们便于携带和手持。当你准备卡片的时候，将关键要点用黑体字写在最上边，底下列出支撑性的要点。要用黑色签字笔，这样字迹更清晰。记住，舞台上的灯光可能比较暗——字体大些、粗些、清楚些，保证你瞥一眼就能看清楚。书写完毕后，将卡片编号。万一卡片掉了的时候，你会庆幸自己已经将它们编了号。

注意：如果你确实在台上使用了提示卡，不要躲躲藏藏，不要因此而有怪异、偷偷摸摸的举动。抽出提示卡，瞄一眼，获得信息后抬起头，跟听众连接起来并继续自己的演讲。

关于提示，主要的原则是：无论是用卡片还是记事本，不要让这些提示的东西完全遮挡了你自己。不用把你的提示物当成一条毛毯或一个盾牌。

专家提示 不要双手拿提示物。

这是大多数演讲者使用提示时最常犯的一个错误。这样做会在你和听众之间制造障碍，你的身体语言所传达出的信息是你感觉自己需要受到保护。双手握提示卡放在面前还会产生隔断一部分听众的效果——从一定的角度来看，就好像有人在你面前投下了一个遮光物，听众会看不到你。

相反，应该将提示卡放在讲台上或衣服的内兜里，这样你的双手就可以自由做手势。如果你发现手握提示物是必要的，那么，用一只手拿着它们，确保另一只手不受束缚，更不要把那只空手伸进口袋里。如果你把提示物放进了自己的口袋里，请在登台之前练习一下，看能否轻易将它们拿出来。穿一件口袋大小、深浅合适的夹克，有一些衣服的口袋非常深，你的手伸进去拿卡片就好像从衬衫里往外挖东西一样。演员们都知道这一点：排演你的道具。在你需要的时候，你应当能顺利地拿到它们，不致笨拙地摸索，或出现卡片掉落的意外。

不要大声地照着提示卡宣读——它只是你记忆的一个提示或跳板。如果你在舞台上没有走动太多，那么，将提示卡放在一个位置。你的眼睛将会创造出一幅内心地图，你会找到上次读的位置。当你返回去看的时候，你的眼睛将会自动地回到你上次离开时的那个点。如果你正在舞台上走动，那么试着用一根手指指向你下面要讲的部分，这样就不至于找不到了。关于提示的最后一点：要用钉在一起的提示卡或记事本，永远也不要使用活页纸。当你紧张的时候，你的手会晃动，活页纸会放大这种晃动，发出船帆一样的嘈杂声，从而引起每个人的注意。

你也可以使用幻灯片作为一系列的提示，提醒你想起准备的材料。不幸的是，人们最常犯的一个错误就是：在演讲时，形成了照幻灯片宣读的习惯。恳求你，千万别这么做。如果你能做的只是照本宣科，那么你还不如把幻灯片的文件发送给听众，自己待在家里呢。任何接受过正规教育的人读得都比你快，你只不过是重复告诉了他们一些东西而已。真无聊！

如果你以幻灯片上的少许文字或一张引人注目的图片作为你的记忆提示，根据它们阐述你的观点，那么你要尽量让显示器对着你，而不能背对听众去读荧幕上的文字。在这种情况下，可以将显示器放在地板上。就像提示卡一样，不要试图掩盖你正在看显示器的事实。你需要一些工具帮助自己记起文本上的内容，这不是什么错误。然而，试图在听众面前掩盖这一事实那就大错特错了。

演讲时不要一直盯着荧幕看。听众来这里是想跟你沟通而不是来看你后背的。看看显示器，领会信息，然后返回来看着听众并且继续演讲。史蒂夫·乔布斯在发表演讲时旁边总有巨大的荧幕，这样的荧幕使他本人显得很矮小，但他在演讲时总是确保他与听众的联系，而不是使幻灯片抢了他的镜头。

可以运用技术手段，但要保证可以返回来增进你与听众之间的联系。你是听众和你的思想之间的桥梁，无论技术手段是多么的酷，没有什么可以代替人与人之间的联系。

最后，你还可以选择使用挂图。我们认为这是一种简单而有效的演讲辅助工具，但它的作用被低估了——我们在培训中一直使用它。挂图很可靠，无需技术，不会出故障，你还可以记下听众所说的内容，形成高水平的互动。你可以预先在挂图上写下提示线索，然后把这一页折起来，这样在你准备好之前，听众是看不到上面的内容的。（你也不想听众因提前看挂图上的内容而分心。）在适当的时候，你将写有提示的那一页翻下来。这时候，你可以往上面添加内容，让听众感受一种临时发挥的快感。

—— 大脑一片空白时：为你支招应对突发状况 ——

我们都遇到过这种情况。你作了准备，认为自己一切就绪时走上讲台，却僵在了那里。即使口袋里有提示卡，你却想不起自己打算要说的第一件事情是什么了。实际上，你连自己的名字都记不得了。你只能听见脑子里有一个声音在大喊："红色警报！红色警报！"在那样的情形下，不惊慌是很难的，就像身陷流沙一样——你越惊慌失措，就陷得越深，你必须将自己从里面拔出来。当你忘记了自己要说什么时，可以运用以下技巧：

❶ 重启。现在发生的事情，跟你的电脑死机的情况很相似。信息还在——只不过是冻结了。像处理电脑一样，你不得不重启。好消息是，对于人类而言，重启只需要一秒时间。但重启不能再靠大脑来解决——你必须运用自己的身体。改变你的身体姿态，做一些不同的事情，喝杯水、调整一下麦克风、后退一步，再往前走一步等。

❷ 呼吸。大脑出现空白，可能是因为你呼吸不畅所致。停下来，慢慢地做个深呼吸，抬起头来，再试一次。

❸ 提示卡。你的提示卡还在，它们可以帮助你继续坚持演讲下去。在一张提示卡上写下你的开场白，并将卡片放在你的前胸口袋里，这样做可以确保你成功应对大脑出现空白的情况。

❹ 即兴伴奏。在音乐范畴中，即兴伴奏是指女主唱准备入场之前，乐

队一直演奏前奏。在这样的情况下，你的大脑就是女主唱——它还没有入场呢！你只需要让乐队一直演奏，直到它入场为止。可以来点闲聊，说："早上好！嗨，见到大家很高兴。"这并不是你开场的首选内容，但是总比站在那里像一尊雕像强。

❺ 不要显得痛苦。如果在讲话时大脑突然出现空白，不要因此而过于痛苦。听众仍将和你在一起，只要你的痛苦表现得不是很明显就可以。听众对发言者的处境感同身受，如果你正在经受痛苦，他们也是。这听起来有些奇怪，但是对你的演讲而言确实是一件好事。经验老道的演讲者有时会装作忘词，只是为了重新体验初次登台演讲的感觉。

此时，你可以抬起头，花一点时间，做个深呼吸，静待思路恢复清晰，然后继续下去。马戏团里走钢丝的人不会大步地走过去——即使在他能做到的情况下也是如此，因为这样走过去不会有停顿和摇晃，会让他的表演变得非常无聊。相反，他停顿、后退、摇晃，在几乎掉下来的那一刻转危为安。我们去马戏团就是为了看这种近似逃生、神奇的反弹表演的，那才是让表演激动人心的东西。上台演讲也是这样，观察台上的人如何思考也是妙事一件。你绞尽脑汁去回忆讲稿，回忆演讲前的种种想法，并最终想起来，这本身就是现场演讲激动人心的一面。听众不是去看固定的节目，而是去看一个脆弱而真实的人。

尚 恩

当我到旧金山的KGO电台做一档新兴的谈话节目主持人时，管理人员解释说，为了做好工作，我必须把自己塑造成一个具有“传奇个性的人”。把节目做得有点意思让人们坐下来听节目并不太难，但是要让节目变得引人入胜，让人们从椅子上站起来，拿起电话，为了能跟你通话不惜在电话前等一小时，这就太难了。但那正是我要挑战的事情。有人建议说：“不要太圆滑，不要试图让你的声音听起来像新闻播音员的声音。大多数的新闻播音员说话太过流利和完美，不适合做一档成功的谈话节目的主持人。就像一块岩石，没有苔藓可以附着在上面，太过光滑了。人们希望你有鲜明的棱角，那才是真实的你。正是这些缺陷会让你看上去更易接近——他们才愿意接触你、亲近你。”

—— 排练：让演讲更趋完善 ——

关于排练只需说一个字，那就是：做。

在制片人、导演、灯光设计师、化妆设计师、道具设计师以及背景设计师等人的帮助下，戏剧专业人士会花一个多月的时间进行排练。你独自在台上，难道不觉得应该好好准备排练吗？至少应该多做点有利于自己演讲的事情。

有些人说他们担心排练会让他们的演讲听起来不够新颖，他们声称不排练自己会表现得更好。这可真是滑稽——有点像罗杰・费德勒，不练习球会打得更好。排练不是规划每一个手势和动作，而是实际练习。当一名足球运动员准备比赛时，他不会说："比赛进行到13分钟的时候，我将要以67度的角度踢球，此时，我正好在中场。"相反，他锻炼自己的技能——踢球、传球以及运球。通过这样的方式，他就掌握了技巧，为比赛的种种需要做好了准备。

专业剧场的排练，一般有三个明确的阶段：（1）演员大声朗读剧本。因为通常是坐在桌子旁边，所以称之为"桌边工作"；（2）走上舞台，并增加了动作。不过，手里还拿着剧本；（3）"脱稿"排练。这就意味着他们记住了自己的台词。在开场之夜的前一周，没有人会看到专业的演员还在拿着剧本读，到那个时刻，每个人都得"脱稿"。

对此，有一个很好的神经功能方面的解释：人的长期记忆要远远强于短期记忆。如果你将剧本储存在短期记忆中，那么大部分的神经内存将被用于回溯过程，留下很少的部分贡献给有效的表述内容。被广为接受的舞台智慧是：如果能在表演前一周记住台词，那么，你就有时间把对演讲内容的关注转移到对演讲风格的关注上。你必须能够在说话的同时活动、思考，消化要说的内容——同时还要与听众建立联系。

正如前面所提到的那样，我们不建议你记住每一个字，但是你需要足够熟悉自己要演讲的内容，这样才能将全部的注意力放在你的演讲风格上。这一过程最好在你演讲前一周完成，这样那些内容才能沉入你的长期记忆中。

这可能具有挑战性，因为你会不断地对剧本进行删减、添加、修改，但到了某一时刻——也就是你演讲之前大约一周时间——此时，你必须停止修改，此刻你的内容必须固定下来，然后你就应该着手演讲风格方面的准备工作了。

专家提示 排练是为了练习你的演讲风格——而不是无休止地纠结于演讲内容。

下面是根据一位专业戏剧演员的经验为你提供的一套排练程序：

❶ 首先，只练习台词，将注意力集中于感觉和意义。你可以坐着完成这项工作，或者更惬意地四处走动，也可以站着。重点是语言以及叙事方法的探索，让你的口传播你的思想，你可以一气练习完全部内容，也可以暂时停下来，思考把重要观点安排在什么地方，哪些是有效词语，然后再接着练。练习怎样过渡，熟悉要表达的思想，像学习唱歌一样完成这一过程。

❷ 现在加上动作。你打算如何使用肢体语言？如何使用幻灯片？计划好每个手势以及每个简单的动作并不是个好主意。无论何时，你只要自然地、恰当地表现真正的自我，不要分析过了头，或者试图为你手臂的每一个动作设定角度。你要做的是对每一部分进行布局。布局是戏剧上描述计划过程的术语，计划在表演的过程中，演员在什么地方、什么时间以及如何在舞台上活动。你要对动作进行布局——大范围的行动计划。比如，在第一节里，你是要坐着还是站着？是要待在讲台边还是要在前台？在此之后的关键一节中，你打算移动到哪个方向？是打算站在礼堂的右侧还是左侧？事先计划好什么时候要将听众的注意力吸引到幻灯片上，什么时候要走到前台与听众再次建立连接。什么时候你想让他们看幻灯片，什么时候看你。制订这样一份大规模的计划能确保你顺利地度过每个关键时刻——但是，细节的东西还是留到现场看你的即兴发挥吧。

当你制订完这些决策后，你可以进行一次技术彩排。无论是在剧院还是会议室里，对你而言，技术彩排是对演讲的技术方面进行的练习：计划你的入场，通过灯光提示、检查幻灯片转换提示并且对任何将要发生的切换或转换进行彩排。谁将介绍你上台？你们会握手吗？介绍结束后他们将去哪里——是穿过后台还是前台？事先练习这些会减少你的焦虑、避免因为没有预先考虑细节问题而出现尴尬的局面。

技术彩排是“提示对提示”的排练，意味着在整个演讲过程中，你不必将每句台词都说出来。在这个环节中，你需要练习重要的提示和过渡，包括灯光、声音、视频和其他人进场、退场或者递给你某些东西等环节。在演讲的技术上，你可能会在很多方面出错——通过一次技术彩排，你可以避免这些简单过失的发生。

❸ 现在你已经将意义和动作结合在一起，为带妆彩排做好准备了。没有演员在登台表演之前不先进行带妆彩排的，你也应如此。带妆彩排要尽可能地逼近真实的表演。带妆彩排的关键是如果某些方面出现了问题，你不要停下来，须把演讲继续下去。在整个演讲过程中，就好像是在真正地发表演讲一样，不能中断，不能处理碰到的障碍。如果某些方面出现了问题，你应该以这样的方式进行处理：例如，如果你跌倒了或忘词了或笔记本电脑死机了，你会怎么做呢？毫无疑问，这不是会不会出错的问题，而是什么时候会出错的问题。因此，在带妆彩排中，只要没有发生地震，剧院没有失火，你都要继续你的演讲。这样做有一个很好的理由：通过创造一种完成整个演讲而无中断的体验，在你的大脑里真实地形成了一种能给你自信的神经通路。当你起身站在台上的时候，你会有这样的感觉：“我能做到。”你是怎么知道这一点的呢？因为你彩排时就做到过。

关于带妆彩排需要注意的是：戏剧上一直认为一次不好的彩排会令开场之

夜的表演更加卓越，反之亦然。为什么会这样，没有人能解释得通，但是，它与事实是非常相符的。可能是因为一次成功的带妆彩排会让表演者过于自信，而一次糟糕的彩排会让表演者更加努力。无论如何，如果你的带妆彩排很差劲，不要气馁——实际上这是一个很好的预兆。

很显然，能在你将要发表演讲的实际地点进行彩排是最理想的。但这有时候可能做到，有时候却不可能实现。即使你不能在那个地方进行全部的彩排，你也要尽量事先参观一下——最好是在你发表演讲那一天的同一个时间段去。如果你是在一个带有窗户的会议室里，要察看一下光线，确保你站的地方阳光能照射到你，而不是看听众的眼睛。在屋里试试你的声音。如果你要用麦克风，带上它试试。如果不用，练习你的声音以确保整个屋里的人都能听到。你可以让同事坐在最后面，看看能否听到你的声音。如果窗外有景物，考察一下能否将它作为一个好的背景，或者看看它是否会吸引听众的注意力。在你的身后，有没有船只驶过来，或者骑自行车的人。（你无法与之抗衡——听众的眼睛都会转向骑自行车的人。）有没有窗帘可以打开或拉上？能事先这么做吗？确保你不要站在窗户后的阴影中。屋里的光线如何？太暗、太亮还是刚好合适？墙上有没有你够得着的开关？如果你检查一下，你会发现通常墙上会有调光器或额外的一排灯。还要看看室内的温度如何，你肯定不想让听众冻僵，也不想室内过于温暖，让他们都昏昏欲睡吧。在你打算站的地方附近有没有屏幕或桌子？你想让它们待在那里还是想挪走？在你站立的地方旁边有垃圾桶吗？你会惊奇地发现通常情况下都存在，那么，请挪走它！垃圾不会让人产生积极的联想。要与有能力改变这些状况的人交朋友——他们通常是技术人员或酒店员工，这取决于你发表演讲的地点——

在温度、灯光、设施以及预置的媒介方面，提出你自己的要求，他们一般都会乐于提供帮助。

倘若你要在一个大讲堂里演讲，里面有舞台，请走上台去，站在你计划好的地方，想象你面前坐满了听众。注意调整你与台下听众的距离，使你将要释放的力量、眼神和声音都能很好地被台下的听众接收到。将空间分区——在你的脑海里标记坐标边缘，一直到四个角落里的听众，这样对于你要覆盖的所有区域，你心里就有了一张地图，也有了真实的感觉。屏幕将会在哪里？你将站在哪里？记住，使用讲台只是一种选择。如果你从那里开始，也不必一直待在那里。你没被锁定在那里，你可以在台上四处走走，找到让自己感觉最舒服的地方。接下来还要练习怎样入场。你能顺利登上舞台吗？从台阶上下走走，上面是铺了地毯还是比较滑呢？有没有一个角落能让你歇歇脚？让你的同事坐在礼堂不同的地方——一些在后面，一些在旁边。当他们听不到你的声音时，让他们举手示意。

检查照明设施。记得《日落大道》音乐剧的最后一幕，德斯蒙德说的“好了，德米勒先生，我已经准备好了我的特写镜头”这句话吗？你也准备好了吗？我们一直在想，有多少精彩的演讲被落在演讲者脸上那些光怪陆离的光给毁了，而演讲者本人却仍没有意识到。别把自己弄得看起来像戏剧里的鬼影，脸上半明半暗。为了避免这种情况，运用这个老摄影师的技巧：站在舞台上时，背对着你的听众，把你的手放到脸前，大致与眼睛保持同样高度，在舞台上走动走动，看看灯光打在你手上的效果。这近似于听众看到灯光打在你脸上的效果。舞台上总会有死角，即灯光照不到的地方。记住这个地方，远离它！舞台上还有一个强光点，灯光会汇集在这一点，同样要避开这个点。

如果你可以对照明设施控制一二，或在演讲之前你有机会与照明师沟通，可以要求用琥珀凝胶过滤灯光。它们可以以讨人喜欢的方式柔化光线，不会让舞台看起来像个迪斯科舞厅。即使照明师不能按你要求这样做，你提出这种要求可见知之不少，也会给他留下深刻的印象。

现在考虑你结束时的动作。计划一下你如何拿着自己的笔记本电脑离开舞台，练习怎样退场。就像你不能在不知道如何回家的情况下就去度假……你不能在不知道如何退场的情况下就登台。你将如何完成自己的演讲？做个小小的鞠躬总是适宜的，去感谢大家近乎疯狂的热烈掌声。

人们经常问我们在镜子前排练是不是个好方法，我们不建议这么做。最好的演出是能将你的自我意识转变成与听众的联系。在镜子前观察自己会形成一种说话时注意自己的习惯，并且会强化自我意识。而事实上，你关注的重点应该是听众，而非自己。

尽量在你信任的一小群人面前进行排练，你做得怎么样，他们会给你反馈，告诉你哪里表现好，或者哪里还有待提高。他们能提出一些中肯的建议让你的表现提升。或者在你的孩子们面前练习，孩子是非常直接的——如果你能抓住他们的注意力，那你就能抓住任何人的注意力。

从经验丰富的教练那里，从那些能给你鼓励和建议的人那里，或者从那些你信任的人那里取得反馈。但有一点要注意——从你排练时的听众那里得到的反馈要非常具体。如果离你上场不到24小时了，任何导致你从根本上重新思考你表现的事情都可能是致命的，即使它是一个很棒的想法。在开场之夜的前一天，戏剧导演是绝不会给演员做某些改变的指示的。改变所导致的疑虑和不确定会破坏你整体的表现。在正式演讲的前两三天改变个人的一些基本风格是不合适的。如果你说“啊”太多，并且你这么说已经有30年了，在演讲之前的两天之内想改变这一口头禅是不大可能的——并且关注它只会吓着你，打乱你的阵脚。重大的改变应当在你处于高危情境之前的很长时间内，在教练的指导下完成。编舞的人不会在芭蕾舞演员马上上台之前改变舞蹈动作。如果要做实质性的改变，要么提前进行，要么就别做改变。

在你登台前的24小时里，你只需要支持性的反馈。你做得怎么样，一切还好吗？提问具体一点——因为，人们都非常乐意指出你的缺点在哪里，会给你列出一张长长的单子，但要纠正它们已经太晚了。如果你正在与某些人分享你的演讲内容（彩排之前的很长时间），你可以问："观点明确吗？""内容切题吗？""长度正好吗？"在彩排中，你可以问他们："变化够大吗？""演讲内容丰富吗？""我的状态正好吗？"

唯一的例外就是，在你上场前的最后一分钟有人指出你的数据完全不准确，或你的内容存在潜在的法律问题，或你的开场白将会严重侮辱董事会主席。在那样的情况下，即使是在开场前最后一分钟也要带着感激之心作出改变。

成功彩排的关键是练习如何才能使自己达到良好的状态。如果你要在最后的演讲中表现得自信、坚定、热情以及乐于相助，那么不要在你无聊、厌倦或疲劳的时候练习。否则，你只不过是在强化自己的消极状态，这将不可避免地引出我们下一部分要讲的内容。

注 释：

① 罗斯·W. 布克、弗吉尼亚·J·萨文、罗伯特·E. 米勒、威廉·F. 卡尔：《人的面部表情对沟通的影响》，《个性与社会心理学期刊》，第23卷第三期，1972年9月：362—371页。

② 汤姆·斯科夫：《发笑需要多少块肌肉》，博闻网，网址：http://health.howstuffworks.com/mental-health/human-nature/happiness/muscles-smile.html.

③ 里奇·沃特斯：《这人在说谎吗？》，TCU杂志（2008年冬）。网址：http://www.magarchive.tcu.edu/articles/2005-01-AC2.asp.

④ 艾琳·福尔克纳：《看着我的眼睛——从眼神接触到“恐惧失明”》。网址：http://brainblogger.com/2008/12/23/look-me-in-the-eyesfrom-eye-contact-to-fear-blindness/.

第三篇
演讲状态

身体模式 · 心灵之眼 · 转变信念

Part 3

你的状态比语言更重要。

你的状态就是你感知的方式，它是指当你走向聚光灯下或打开会议室大门的那一刻，你的心理、生理以及情感所达到的状态。状态是沟通中最重要的部分，然而也是最容易被人们忽视的一部分。你的状态不仅决定了你的沟通能力，还决定了你引领、连接周围事物以及对你周围发生的事情作出反应的能力。

在第一、第二篇中，我们介绍了一些能够快速提高沟通能力的技巧性方法，第三篇是讲有关更深层次的精力的投入，它是开发你内心活动的持续练习。这部分内容所介绍的技巧所能创造的是长期的变化，能让你以一

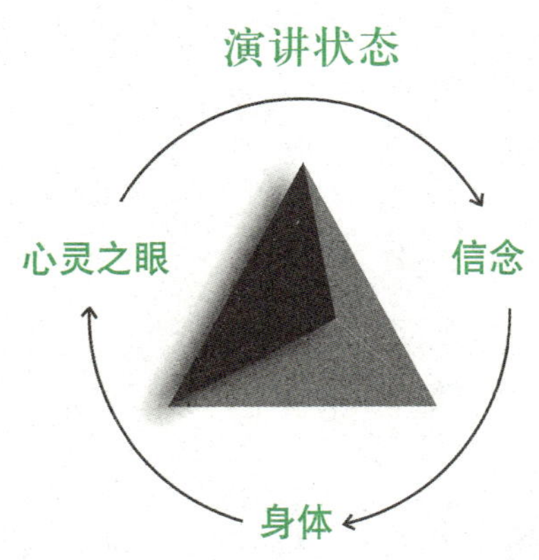

种可持续的方式让自己的演讲别具一格。当你演讲时，你会紧张、疲倦或者发怒，你必须能够调整自己的状态。掌握你的状态，塑造你的性格。它会将你处于驾驶者的位置，让你可以掌控自己的情绪，而不是让情绪牵着你的鼻子走。

演员、走钢丝的马戏团表演者、足球运动员、武术家以及首席芭蕾舞演员都知道如何使自己进入准备好的状态，使自己的表演达到最佳。他们每周有六天的时间都是这样的（每个人只有一天的时间是例外的）。

如果你是一个走钢丝表演者，那么你连一天的糟糕状态都不能有。芭蕾舞演员旋转三圈，跳到空中再落回舞伴的怀里，她不能在第七十八次演《天鹅湖》时还认为自己“只是感觉不想跳”，这样她会使自己脚踝受伤。然而，所有的人由同样的基因组成，你也一样。在每个星期二，他们跟你一样受天气、交通、金钱、家庭、健康、新闻以及税务等事情的影响，你如何才能在前一天晚上好好入眠。所有的这些事情都是困扰，尽管它们会给你带来巨大的影响，却都不在你的控制范围之内。如果你非要等到所有事情都完美了你才开始做事，那么你将一事无成。

我们认识拥有一切、事事追求完美但内心非常悲惨的人，我们也认识拥有甚少（可能仅能维持生存）但周身却散发着快乐的人，秘诀在哪里呢？

有三个核心要素会影响你的状态，并且你可以采取一定的方法控制它们。[①]它们是你的身体、你的心灵之眼以及你的信念。

在下面的几章里，我们将向你介绍改变身体、心灵之眼以及信念的方法，它们是促使你向前而不是阻碍你的方式。在下载的视频里，我们介绍了如何才能达到巅峰表演状态的准备方法。

注 释：

① 我们运用了安东尼·罗宾的研究结果，他是舞台演讲以及控制舞台的世界顶级专家。有关他提出的更多方法、训练，查阅参考文献中列出的他的作品。

第七章　身体模式

—— 了解身体模式：不同的身体模式产生不同的情绪 ——

建立信心最快速的方法就是改变对待身体的方式，我们特别指以下内容的相关方式：（1）动作；（2）站立；（3）呼吸；（4）运用面部肌肉；（5）手势。

你身体模式的变化可以产生不同的情绪。如果你想要影响自己的感觉方式，你需要了解这些模式。它们就像是你进入某些特定情绪通路的杠杆，你可以通过运用这些杠杆的不同组合来调整你的状态。

不同的站立和呼吸方式对应着不同的情感。例如，如果你呼吸急促，是浅呼吸，你的胸部下陷并且眼睛往四周猛看，从身体状态上来讲你是不可能感觉到快乐的。只有遭到威胁时我们才会这样呼吸，在这样的情况下，快乐的神经递质不会流动起来。

大脑的伟大秘诀是心灵与身体的连接体现出二者的双向影响。如果我们被惊吓，身体将会自动使我们呼吸急促，腹部收紧。如果我们收紧腹部呼吸，肩膀下压，并且运用面部肌肉表现出一种害怕的表情，我们也会因此产生恐惧感。[①]当你感到害怕的时候，动作和呼吸的方式会将恐惧表现出来，大脑会随之处于恐惧状态。我们知道，不管威胁是真实存在还是假想的，大脑都会产生相同的化学反应。[②]

当你改变身体时，也改变了自己的情绪。你不相信吗？可以试试看。

呼吸短促，腹部下陷，来回踱步，咬着嘴唇，让身体呈凹形，肩膀耷拉下来，眼睛飞快地朝四周猛看，双手紧握，保持这样的状态60秒，你会有什么样的感觉？

另一方面，如果你的动作和呼吸表现出来的是自信、热情以及决心，大脑会将那些动作与相应的情绪联系起来，将会乖乖地提供与之相对应的化学反应。试试站起来，提肩抬头向上看，露出灿烂的笑容，将双臂伸向空中。感觉到有什么不同了吗？

康斯坦丁·斯坦尼斯拉夫斯基利用这一事实发展了一套体系，后来又演变为“溶于法”，现在仍然为许多成功的演员所运用。以这种方式产生的情绪看起来是真实的——因为它们就是真实的。[③]不幸的是，如果在高压状态下，你任由自己的身体决定情绪，那么你的身体将会导致糟糕的状态。你的身体也将再一次搞砸你的状态。

当你处于危险时，身体就会自然进入威胁下的模式中。当我们与剑齿虎战斗时，这种反应非常有效。但是当面对一大群人时，我们需要完全相反的反应。你需要重新调整身体的方向盘，做那些运动员、演员以及高水平表演者一直在做的事情——在表演之前，首先管理好自己的身体。要做到这一点，你只需按照后面的模式进行操作即可。

—— 调整身体模式：适宜的模式让情感表达更强烈 ——

首先，要确定你需要体验什么样的情感。这几乎等同于你想让听众体验的情感。听众会感染与演讲者同样的情感，例如，如果你向一个团队表示祝贺，你应当有为之骄傲的感觉。如果你没有这种感觉，那么他们也不会感受到。

其次，确定你的身体、呼吸以及脸部表达情感的模式。要表现得很自信或者和在胜利时一样。就像你真正感觉到了信心和喜悦一样进行走动、站立或移动。（注意：这不是造假，而是在假设的情况下做出某些行为。如同你感到自信时的走路方式。）当你感到自豪时，你可以做许多事情，但是有一点是肯定的，那就是，它们不包括急促的浅呼吸、紧缩的下巴以及在你的身体之前紧握的、白皙的、关节明显的双手，这些模式通常是与恐惧相联系的。

当你有胜利之感时，双臂上举，眼睛上抬，脑袋上扬，面露微笑，还上下跳跃，所有的文化中的人们胜利时都是这样的举动。要再造胜利感，只要做出这些动作，感觉就有了。

所有的专业演员具有的一个共同点就是：他们知道如何准备。在二十多年的时间里，彼得采访过许多顶尖的运动员、武术家、演员、芭蕾舞演员以及模特，无一例外，他们都承认需要运用一些表演准备模式。

观察一位职业网球运动员。某一刻，他可能朝裁判疯狂地大声尖叫。下一刻，轮到他发球了，他开始了自己的惯常动作。他以一定的方式将球拍了一下，两下，三下——他已经完全投入了，回到了打球的状态。球的弹性与发球并没有什么关系，那只是他的准备模式而已。一位芭蕾舞演员进场之前可能总会将她的脚趾在树脂里浸三次，并且在跃上舞台之前会碰碰自己的右耳垂。一位顶尖的模特必须在面对镜头时展现出魅力（即使她昨天晚上去参加聚会，直到凌晨4点才回家），她可能会用某种特定的方式呼吸一下，轻抚一下头发或舔舔嘴唇。突然，灯亮了，灯光下的她很美丽。轻抚头发以及舔嘴唇就是她的准备模式。许多电影演员，在一次重要的试演前，经常会上下跳跃并且像个疯子那样大笑，他们之所以这样做是因为那些行为可以在瞬间给他们带来快乐和信心。大脑研究表明，这些动作会在大脑中产生更多血清素，由此在眼睛和脸上产生的亮光会给他们强大的优势。快乐的能量通常对他人很有吸引力——甚至是对负责挑选演员的导演也是如此。④

你也一样，不论你是否注意到了，你都在运用某种模式。几乎所有人都有一种睡前的准备模式。你可能用某种方法让枕头鼓起来，关灯，然后翻身。总是这样的模式，总是同样的方法。在睡觉之前尝试一次不这么做，你就会明白模式的威力有多大。

问题是我们很少在意自己运用的模式，而且我们没有进行有意识的选择。我们没有发展能帮助自己瞬间进入表演状态的积极模式，而是经常自然地进入消极模式。

想象一下，在一次有着强大压力的演讲之前，你站在后台，紧张不已。你正在做什么呢？如果你正在来回踱步，耷拉着肩膀，揉搓着双手，边呼吸边念叨着什么，好像你正在努力回想你的开场白，那么，你正在默认消极模式，它会破坏你的状态。你的大脑接收到的信号都会产生“杏仁体劫持”——并且在你知道这一点之前，你已经站在台上了。此时，你的眼睛无法聚焦，大脑一片空白，在那里努力回想自己要做的事情。

你一旦知道了自己饱含快乐、自信、慷慨的情感时应当如何移动、呼吸、站立以及微笑，就能通过改变自己身体、呼吸和脸部的模式创造出需要的情感。[5]如果你将要进入高危情境，或将要踏上舞台，尝试下列方法。它们是能够持续刺激大脑产生积极情感反应的生理触动器。

❶ 姿势。抬头挺胸，就像有根绳子向上拉着你一样。

❷ 呼吸。做长长的、缓慢的深呼吸，让腹腔里充满空气。

❸ 面部。找个理由，让自己面带微笑。大笑，扬起眉毛，睁大眼睛。

❹ 走动。在房间里走一走（环境允许的话），当你感到自信、强大以及大方的时候是怎么走路的，现在就怎么走。

❺ 手势。当你想分享一些事情的时候，你是如何运用自己的双臂和双手的，现在就这么做。做出与你想要产生的情感相联系的动作，就如敞开胸膛张开双臂一样简单。例如，为了感受到快乐、自信、胜利，举起你的双臂，让双手高过你的头，让灿烂的笑容呈现在你脸上，你会感觉就像自己的队伍加了分一样。如果你想要慷慨的感觉，伸出你的双手，就好像你在分发礼物一样——通常摊开手掌，走向你面前的人。

为了帮助你完成这一训练，在我们的下载资料包里有一个视频练习。（在www.standanddelivergroup.com上查找）它将把你置于一种理想的表演状态。这个练习的名字叫做“表演准备”。

通过这些视频音乐，你将学会如何唤起自身感觉特别强大时的记忆，将这些情感累积就会让你处于巅峰状态，在这种状态下你站立、移动以及呼吸的方式就变成了你个人的表演准备模式。

注 释：

①② 约翰·H. 里斯金德、卡洛琳·C. 戈泰：《身体姿势：对动机和情绪具有调控和反馈作用吗？》，《动机和情绪》第六卷第3期，1982年，273—298页。

③ 康斯坦丁·斯坦尼斯拉夫斯基：《演员的自我修养》，英译本，伊丽莎白·雷诺兹·哈普古德，劳特利奇出版社（Routledge）出版，纽约，1989年。

④ 加的夫大学心理学教授迈克尔·李维斯，2009年3月在《皮肤病学杂志》发表的一篇文章中指出：肉毒杆菌通过阻止人皱眉可能舒缓情绪。李维斯支持这样的理论，即面部肌肉会对大脑活动产生直接的影响，并且指出了早期提出这种神经联接的一项研究。

⑤ 现代治疗方式运用这种面部反馈回路创造立竿见影的效果。例如，微笑疗法，通过有意识地微笑，带动肌肉释放内啡肽。

第八章 心灵之眼

—— 了解心灵之眼：人类天生关注消极性事物 ——

到现在为止，我们已讨论了身体影响状态的方式，还有没有其他决定感觉方式的因素呢？

只有当你关注某些事情的时候，你才会对它有感觉。在某一个特定的时刻，你的身边有无数个可以选择关注的事情。因此，不是你周围所发生的事情，而是你选择要关注的事情决定了你是如何感觉的，我们将其视作心灵之眼。

你可以将心灵之眼对准任何你选择的地方，然而，大多数时候，我们不愿为选择而烦恼，我们只是让心灵之眼四处游荡。在身体的默认设置下，大脑将主要基于恐惧选择它关注的东西。为什么会这样呢？因为在紧张的形势下，由于“杏仁体劫持”，你倾向于失败。人生来倾向于搜寻危险，大脑不会自动地产生快乐、积极的想法。大脑这样是为了让人生存下去。多少万年以来，人类的大脑通过寻找麻烦已经做了大量的工作。

我们将消极性视为不好的东西。但是，搜寻问题的倾向是健康大脑的标志。想象一下，假如你生活在十万年前，居住在山洞里的情形。你可能从洞口往外看，扫视一下周围的环境。你的大脑不会注意到花草、羚羊群或可爱的落日。你会问自己："外面有没有什么东西会伤害我？"如果看到了长有条纹或长牙的东西隐藏在岩石后，你会不顾落日和花草急忙返回洞穴。我们就是这么生存下来的。

—— 聚焦心灵之眼：关注能激发积极情绪的事物 ——

通过提问我们聚焦心灵之眼。[①]当你提出一个问题的时候，大脑马上就着手进行回答。假定你的大脑拉出来长长的文件抽屉，在抽屉中寻找这一问题的答案，你提出的问题决定了大脑将要搜寻的文件抽屉。如果你提问的次数足够多，你的大脑将总是用同一个答案进行回答。

麻烦的是，大多数人面对听众时，提问会导致他们关注恐惧而不是目标。想象走上一个大舞台，准备好对着一百人讲话——他们都是你最好的朋友、最亲密的家人、最迷恋你的追捧者，但就在第三排，坐着一个留着山羊胡子、拿着红笔和笔记板的人。你记得他，当你从幕后往前看的时候，你的心灵之眼会关注哪里呢？是关注那一百个等着为你喝彩的人还是关注那个埋头做笔记的人？对你而言，答案很明了，你的心灵之眼不只会关注他，还会将他放大，以至于你能数清他鼻子上堵塞的毛孔有多少。在这一过程中，你几乎忘掉了其他所有人。

当你站在人群前时，你展现了自己，没有什么能比面对黑暗中一大群人紧盯着自己更恐怖的了。你的遗传记忆告诉你应当遮挡你重要的部位并缩小听众关注的目标范围。此时的你就像一位罗马百夫长，带着自己的剑和盾牌，不能逃跑，也不能战斗。你最希望做的就是拿到一块"遮羞布"，或整理你的袖口，你会拿任何可以触及到的东西来保护自己。

准备入场时，考虑一个自己提出的典型问题："他们会提问我棘手的问题吗？”大脑主要倾向于搜索负面的答案，它会回答：“是的。”你立刻变得紧张起来、惶恐不安，开始出汗。“我准备充分了吗？”大脑搜索……搜索……答案是“没有！”现在你已经不知所以了，在默认的消极模式下，你皱着眉头，走来走去，呼吸短促。

“他们会喜欢我吗？”大脑说：“不喜欢！”好吧，欢迎你进入“杏仁体劫持”状态。

像“遗漏了什么内容”“我会忘记要说什么吗”“我会知道答案吗”以及“他们会发现我不如他们想象的那么聪明吗”这样的问题看起来可能是明智的问题，但实际上它们都是会产生破坏性后果的问题，这些问题的答案只能造成消极状态。

那么，如何解决呢？答案是，提出一个不同的问题。你控制大脑聚焦的方法就是改变你提出的内心的疑问。

想象一个在山上滑雪的人，将要在电视机镜头前进行一次有风险的滑雪表演。如果她往下看并且想："如果我摔倒了并且摔坏了我的膝盖会有害处吗？"这样的问题对她有什么影响呢？你认为她在随后的表演中能滑多快，表现能有多出色呢？结果不会很好。一位专业的滑雪运动员会问自己另外的问题，并且是唯一的问题："滑雪的时候如何才能让自己每时每刻都看起来极为性感呢？"

这是一个带预设前提的问题。前提是关于世界的一个隐含假定，在表述中将事实理所当然地表现了出来。例如，问题“这次机会的非凡之处在哪里？”所包含的前提就是，事实上，这次机会里蕴藏着一些非凡的但你尚未注意到的东西。你需要的是这种具有强大预设的问题，这会驱动大脑想出更好的答案并且产生一种兴高采烈而非恐惧的感觉。

这种带有预设前提的强大问题可以是："这次演讲最好的是哪一部分？""我最热衷于哪些材料？""能够影响听众的最有力的方法是什么呢？""我如何才能送给他们一份礼物？""我怎样才能最好地启发他们？""我

怎样才能与众不同？”“这次活动最激动人心的是哪一部分？”“我怎么才能知道他们想要听我讲话呢？”

我们再次强调，这不是积极思维。积极思维是试图催眠自己，进入一种不同的状态，有点像一个秃头边看着镜子边念叨：“我确实有头发，我真的有头发。”

在你继续下去之前提出合理的问题是调整状态非常有力的方式，你是在引导自己的大脑在正确的文件抽屉里搜寻文件。你正在有意地规划，这样你会找到促使你前进的答案，而不是阻碍你前进的答案。

一个好问题的结构是非常具体的，它包含一个推动你想到新的可能性的前提。不是“我会成功吗”而是“怎样我才会成功”，不是“他们会提出难题吗”而是“我怎样才能利用问答环节让他们信任我”。第一种问题会得到消极的答案，第二种问题预设了令人兴奋的前提，这样你的大脑就会从中搜寻积极的答案。

要让你的大脑持续保持这种状态。一旦你得到了答案，就继续问下去，重复这一过程。让越来越多的参考问题涌入你的大脑，直到你处于一种表演的理想状态。注意，提出尖锐问题有一个恰当的时间，并且要讨论讲话中可能发生的任何问题，这个时间正是演讲之前的一到四周之内。在你出场前的十分钟，你不能问自己“假如跌倒了会有害吗”？作任何进一步的准备都太晚了。你必须将你的注意力转向你的状态，并且只提能使自己兴奋起来的问题。

注 释：

① 正如约翰·葛瑞德、理查·班德勒在他们的开创性大作《改观：重新建构你的思想、言语及行为》中详细描述的那样。大众出版社（Real People Press），美国犹他州，摩押，1982年。

第九章 转变信念

—— 信念的力量：你的信念决定了表现 ——

如果你曾面对听众感到害怕，导致你紧张的原因可能是你的信念而不是听众。作为一名演讲者，你的信念决定了你的表现。

人类不仅仅是收集事实，为了讲故事，我们还需不断地诠释事实，理解发生在我们周围的事情，这就是我们学习的方式。信念会令发生的事情变得有意义，你就像戴着眼镜一样带着它，通过它们审视一切事物。信念是这样的：对你而言，它们总是真实的，与别人同不同意都没有关系。

例如，如果你认为自己太稚嫩、太老、太年轻，或认为自己是个女人、男人、内向的人等，而不能抓住听众的注意力，那么对你而言，那将会成为事实。没有表面的“技巧”能让你像用化妆品一样敷在脸上去掩盖你的焦虑。问题是恐惧的核心源头仍然存在，那个核心源头是由于你的消极信念才形成的。

如果你感觉自己处于被评判、被攻击或被嘲笑的危险当中，那么这种感知是很有意义的。正如我们在前面讨论过的，不论攻击是否真实，你大脑里的接收器会作出同样的反应。如果你闭上双眼，想象咬一口柠檬，你就会流口水。

不管事情有没有真正发生，大脑都会发出同样的信号，并且会产生同样的生理反应。如果你走进一个满是博士的房间，你基本的信念是自己没有足够的才智就这一主题发表言论，然后你就会无意识地寻找其他证据以证实这一信念。当你在听众面前发表了一次无聊的演讲，并且听众变得不感兴趣时，这将证实你所相信的一切。另一方面，如果你认为在这样的形势下，自己还有独特的一面，这是一个发表自己看法的机会，那么从你进入房间开始到你与听众建立联系，再到你的声音，一切都会非常不同。

你的信念决定了你如何理解身边发生的事情。

事实是发生的事情，信念是我们根据这些事实所讲述的故事。用一套事实，你可以讲许多不同的故事。

彼　得

我曾应邀与一位银行的高级副总裁一起工作。杰夫非常聪明，深受老板的赏识，但是每次他向董事会作季度报告时，就完全崩溃了。在最后谈核心问题之前，我们就他的叙述、演讲方式以及幻灯片等方面存在的问题进行了讨论。我问他是什么样的消极信念正妨碍着他。杰夫不安地反省了一会儿之后，承认了自己存在这个问题。

“我是个蓝领工人，”他说，“所有人都知道这一点。我出身贫寒，来这里工作之前我是个警察。因为我没有上过常春藤学校，没有学过商务，也从来没有在其他金融机构工作过，他们都知道，我没有这一工作所需的经验。我只是运气好而已（限制性的信念）。”

我问他以前当什么警察。

“警官，在缉毒队。”

“你表现还不错吧？”

“是最好的一个。”

“一个好警察要具备哪些素质？”

“你必须随时眼观六路，”杰夫说，“你需要有威风凛凛的声音，能够当场喝止住其他人。你必须相信自己的直觉，并且毫不迟疑地按直觉行动。你必须能够看透人们的心理，劝说他们，能在瞬间影响他们。你必须能够自发地、独立地思考。”

“这些技巧当中有多少适合你目前的工作？”我问他。

“都适合。”他说。

“是真的吗？”

“对我目前的工作而言，警察部队的生活是完美的训练。”杰夫得意地说（新信念）。在此之后，他获得了巨大的成功。

你无法改变事实，但你可以选择事实所意味的信念。

我们一直在对自己讲故事，我们不得不这样，因为这是我们大脑的工作方式——如果我们要处理从意识当中获得的每一小片数据，我们会疯的。大脑的一个主要功能就是选择性地抑制我们感知到的大部分数据。我们将事物做标记，这样我们才能分类、处理并且放弃接收到的大部分令人困惑的数据。[①]

如果你有过一次演讲失败的经历，你会告诉自己一个有关它的故事。危险的一点是：信念正来自于那个故事。在那一刻，你有没有产生任何阻止你重返聚光灯下的信念？例如，“我过去不擅长这个，我永远都不擅长吗？”

这一点很重要，因为通过生理机制，你的信念将会决定你的情感状态。细胞生物学家布鲁斯·利普顿博士在他的获奖图书《信念的力量：新生物学给我们的启示》中说：“你的信念就像照相机的镜头过滤器，你如何看待这个世界会因之而改变，你的身体会适应那些信念。当我们真正认识到自己信念的强大力量时，我们就拿到了通向自由大门的钥匙。尽管我们无法改变自身的基因蓝图编码，但我们能够改变自己的想法。”②

你无法控制身边发生的事情，但是你可以控制自己的信念，而且，控制信念会改变你的身体状态。

顶尖的演讲大师安东尼·罗宾说，信念就像一个凳子，几条腿把它支撑了起来。我们将这些腿称为“参考”。如果你选择相信人们将对你作出评判，你可以寻找和发现很多的参考或“腿”去支持这一信念；另一方面，如果你选择相信人们正盼望听你演讲，并且你有一些有价值的东西要呈现给他们，你也同样可以找许多的参考支持这种信念。

信念是这样形成的：想象一个小女孩在5岁的时候被狗咬了。她回家之后，打开了电视，电视里有另外一只狗正在咆哮，看起来很凶。她向窗外望去，另外一只狗正追着一个男孩。现在，她已经为那个凳子找到三条腿了。她在凳腿上加了个面，信念就变成了：狗是危险的。

在未来的30年里，她会寻找和发现数以百计的其他佐证，这些都将强化她现存的信念。如果你把一只小贵宾犬带到她的房间里，她会大叫并且坚持让要你把狗带出去。“狗是危险的，”她会说，“别让它靠近我。”即使你坚持说那只狗不会伤害她也无济于事。她的信念有参考，理性的解释无法对抗她强大的信念。

信念有两种不同类型：推动你前进的积极信念和阻碍你的消极信念。消极信念可能是："因为我是一个内向的人，在一大群人面前我永远不可能表现出色。"积极信念可能是："因为我是个内向的人，所以我要更饱含深情、更有同感地谈论这个话题。"消极信念是："演讲是折磨人的。"积极的信念是："演讲是一次机会。"是什么样的信念阻碍了你？这些就是阻止你达到巅峰表演状态的信念。

有时候，你持有一种消极信念可能不仅仅是你自己的原因，还可能与你被限定的演讲主题有关。

彼 得

我曾与雅克共事过，他是一家大型欧洲资产管理公司的财务总监。他颇有才华，但绝少展现。偶然碰见他，感觉他是个温顺、感情内敛的人。当他在一群人面前发言时，感觉他的整个身体都好像在说："很抱歉，浪费了你们的时间。"

结果显示，雅克表现不佳是一种深层次信念的体现。在一次单独谈话中，我们了解了雅克演讲沉闷枯燥的原因。

"我是个会计师，不是演讲家，"雅克说，"数字确实挺无聊的。"

为他的这个信念找到支持证据当然很容易——刻板、沉闷、无趣的数字到处都是，但应当让雅克尝试着从另一个角度来看待数字。

“对于这些数字，你认为如何才能饱含激情地将它们说出来呢？”我问道。

雅克想了一下，说：“它们必须是有趣的。”

我们开始一起讨论起那些代表公司的数字来：利润、奖金、保证金等。它们都是绩效的指标，传递的是公司的健康状况信号。它们非常吸引人，事实上也是非常有趣的。

你可以看到，当雅克不断地拉长联系、转换信念时变得活跃了起来。

他在接下来的一次对董事会的报告是很鼓舞人心的——他具有明确的目的，并且信心十足。房间里的每个人都注意到了他身上发生的变化，雅克以其魅力吸引了听众。与以前相比，不同之处就是他的信念发生了变化，由原来的“数字是无聊的”变成了“数字是每个人都想要了解的东西”。

在机场，工作人员会问你是否将袋子打好包装了。这是一个探讨你信念的好问题。你包装好自己的袋子了吗？或者你仍旧带着你的父母、兄弟姐妹或读三年级时的老师为你包装好的旧袋子四处走动？当你很小以至于无法自己作出决定时，许多故事就已经发生了，信念已经形成了。现在它们变得过时了吗？

通常情况下，信念是通过那些未经你同意或不受你控制而发生在你身上的事情产生的。你可以看看生活中的这些挫折、问题以及悲剧，可以充分证明你是这些事情的受害者。另一方面，有些人看到了他们生活中的不幸，讲述的故事是他们碰到的问题如何激发了他们的力量，成就了今天的自己。许多从极端困难的环境中幸存下来的人都说过他们无法改变的一个事实：是他们所遇到的困难塑造了他们的性格。你无法控制发生在自己身上的坏事，但是你可以控制自己理解这些事情的方式。

设想有两个人，他们都在有决策权力的董事会成员面前作演示，他们俩都败得很惨。第一个人是这么理解这次经历的："我只是不善于这个。"信念产生了吗？"我是个失败者。"当他下一次有机会发表讲话时，他会拒绝。第二个人是这样考虑的："这次的经历太痛苦了，我保证以后永远不会像这次这么失败了。"失败的痛苦促使他进行一些训练，成为一位老练的演讲大家。他会继续获得伟大的成功。

你是哪种类型的人呢？如果在你的职业生涯或个人生活中曾经遇到过挫折，可能是因为一些不好的事情发生在你身上——你想确保这样的事情不再发生。无论是五年级时的读书报告做砸了，还是把你排到后面的音乐老师告诉你只要动动嘴就可以了，或在上一份工作中出错了，你都围绕着这些事情产生了一些信念。现在是时候回去看看那些信念了。它们正在拖你的后腿，还是促使你前进？

—— 转变信念：良好的信念提升你的自信 ——

作为人类，我们有独特的能力创造性地架构与我们的意图相一致的信念。你可以通过改善性格、增强信心来中止、检验并且重塑你的信念。你可以选择那些推动你前进而不是阻碍你的信念。

想象一下，如果你刻意开始这一过程会发生什么呢？如果你一开始就想着心中的最后目标，然后创造出促使你前进的信念呢？

在生活中你想要做什么？为了实现这些目标你需要坚持什么信念？

说一些不真实的事情不会给自己带来真正的信心，真正的信心是在阻碍你前进的消极信念向驱使你前进的积极信念的转变过程中产生的。

尚　恩

我26岁时还是个新闻记者。一天，我接到了罗宾·贝托鲁奇打来的电话，她是旧金山最大电台的执行制片人。她听过KGO的一档节目，我是节目的嘉宾。

她在电话中说："你有独特的处世态度，我想请你试一试主持一档广播脱口秀节目。"

我有点被吓着了。"我从来没有做过那样的工作，"我告诉她，"我没有任何广播经验，我也不是政治领域的专家，也没有播音主持专业的学位，所以，我恐怕不能胜任。"（发现消极信念了吗？）

对我而言，幸运的是：罗宾是挖掘新人才华的专家，她能够转变这些信念。"你这么想，"她说，"你可以把那些东西当优点来用，而不只是视为自己的短处。你可以在广播中说：'我不是专家，我只是在运用我的常识。'人们会喜欢你这么做的。你不是一名专家的事实会让你从新的角度看问题。"（发现积极信念了吗？）

我记住了她说的话，并且接受了这种新的信念。结果如何呢？

对我而言，之后十年的广播秀主持生涯是一段全新的职场生活。

信念创造现实。如果你想要得到有关自身消极信念的提示，可以看看你新一年的计划。哪些事情年复一年地出现在你的计划中却一直都没有完成。如果你总是不能按照自己的良好意愿行事，那么原因可能是你的某种信念导致自己偏离了它。如果你每年都下定决心要多多锻炼身体，但却从来没有抽出时间去锻炼，那么，你可能正在秉持这样的一种信念：锻炼要比逃避痛苦得多。另一方面，如果你去看医生，她告诉你会在六个月内去世，除非你能天天出去跑步。那样的话，你很可能会马上穿上运动鞋出去跑步。直到你改变了自己的信念，你才会付诸行动，一旦信念足够强大，动力很容易就具备了。

幸运的是，转变拖你后腿的信念是可能实现的。怎么做呢？词语可以从微观到宏观改变世界，你的头脑内部和外部世界，都是如此，并且过程都是一样的。

在有关演讲内容的一节中，你学习了通过给他人创造一种情感或智慧的体验，从而影响他们的一套程序。你确定自己想要的结果，并通过他人需要知道和感觉的内容来明确它。你找到了关联性，并阐明要点。

要对你自己施加影响——即转换信念——所运用的程序也是一样的。首要的事情是你必须确定你想要的结果是什么。首先，你必须识别阻碍你的信念。想象你正站在一座舞台上，面对一群听众，你的演讲达到了最佳状态。是什么阻止了你实现这样的目标？你认为自己不够聪明、不够年轻吗？你认为自己的种族、身高和气质有问题吗？记下你大脑里占据最大空间的消极信念。

在我们往下进行之前需要注意一点：这并不是一种坏的信念。这种信念是由我们大脑的一部分产生的，这部分大脑的工作是让你维持生存，你创造出满足某些需要的故事，也许是为了避免让自己陷入遭受威胁的可怕状态。如果你的信念是“我是个糟糕的演讲者”，那么，你就有了一个永远不发表演讲的完美借口了。如果你有将注意力吸引到自己身上是糟糕的事情这样一个信念，那么为了避开聚光灯，你将会做任何事情。但是，现在情况变了——你需要站出来并发表演讲。你的声音需要被他人听到，你需要极大地提高你对周围人的影响力。

下面列出了我们在工作中遇到的一些消极信念，还列出了如何才能将它们转变为促使你前进的积极信念：

❶ “因为我是个女人（年轻人、黑人、亚洲人等），他们不想听我讲话。”vs.“因为我是个女人（年轻人、黑人、亚洲人等)，我具有独特的嗓音，能提供有价值的观点。”

❷ “因为我太老了，他们不会在意我说的话。”vs.“因为我是一个成熟的人，对于这个主题，我会带来许多切实需要的经验和看法。”

❸ “因为已经发给了他们资料，所以我不需要再进行演示了。”vs.“事实自身不会说话，这给了我一个体现价值的机会。”

❹ “我没有时间作准备。”vs.“我没有时间不去准备。”

❺ “因为英语不是我的母语，因此，说话时的用词听起来不够妥当。”vs.“因为英语不是我的母语，我必须谨慎选词。我说话要简洁、清晰——因为听众喜欢这样！”

❻ 我只是一个处理数字的人，数字是无聊的。”vs.“数字是性感的……数字会讲故事。”

哪些是阻碍你前进的消极信念？你如何才能将它们转变成推动自己前进的积极信念呢？

行为是信念进入世界的途径。作为一名领导人，要提高吸引他人的能力，核心问题就是你所秉持的信念。如果你产生了阻碍自己的消极信念，那么，领导人的艰巨任务就是卷起袖子、打扫房间。记住，你的信念是一种选择，一定要让信念和自己的意图保持一致。

注 释：

① 塔玛拉·L. 沃特森、巴特·L. 克瑞科尔伯格：《快速加压与知觉稳定性之间的关系》，《当代生物》，第19卷第12期，2009年6月23日，1040—1043页。

② 布鲁斯·H. 利普顿：博士论文《信念的生物学特性：释放意识、物质与奇迹的力量》，海氏出版社（Hay House），加利福尼亚，卡尔斯巴德，2008年。

第四篇
高危情境

直面危机 · 危机沟通 · 运用新技术

Part 4

如果你正在跟查理边喝咖啡边聊天，那么你们可以天马行空，无所顾忌。但是在一些其他场合，我们会面临压力，情绪高涨。我们称之为“高危情况”。在这样的时刻，如果你要处理一些利益攸关的事情：做一次重要的账目汇报或者见一个重要的客户。此时，你的个人声誉或者你整个公司的声誉都可能有危险。此时此刻，你必须表现出最佳的一面，否则，你会失去你所珍视的一些东西。此时，你需要制订一个战略，本书这部分的内容介绍了这一战略。

在“勇敢的对话”中，我们将介绍一对一的艰难对话中使用的技巧。在危机沟通中，我们提供一种久经考验的结构，它将会帮助你在灾难性的打击降临时自信地发挥领导作用。在这样的时刻，你通常需要我们这些天学到的一种或者多种技术工具来传达你的信息：电子邮件、电话会议、视频会议或者幻灯片，因此，我们安排了运用技术一章来帮助你更好地掌握如何运用这些工具。

第十章 直面危机

表现最佳的团队或个人所面临的问题，一点都不比其他团队或个人少，但他们却更愿意讨论自身存在的问题。

这通常是你没有进行的，并且需要你付出很多的对话。你知道我们说的是哪种对话，就是那些每次想起就会让你的心下沉、让你的胃翻江倒海的对话。你需要做任何事情避免这样的对话发生或者另辟蹊径对待这样的冷嘲热讽。即使这不是你的工作，你也要亲自处理这一问题，否则，你将继续蒙受损失。

我们称那样的对话为勇敢的对话，因为，进行这样的对话确实需要勇气，需要勇气让某些人代表你做不同的事情。但事实是，精彩的内容正是在所谓的这些我们称之为勇敢的对话中才能发现的，正是不同的观点和冲突蕴藏了巨大的潜能。解决这些问题是创造你生活、职业、关系的改变的最快、最有力的方式。当然，如果你选择不处理这些事情，它也不会消失，不是吗？它只会持续恶化，直到它摧毁整个已经中毒的关系、家庭、公司。

—— 把鱼放在桌子上：直面棘手问题，化危机为信任 ——

瑞士国际管理发展学院（IMD）将这一思想总结为一句话："把鱼放在桌子上。"这是乔治·科尔瑞瑟博士的一句话，他也是IMD研究领导力的教授，也是《谈判桌上的艺术》一书的作者，他在这一领域的研究工作构成了本章内容的基础。在意大利，卖鱼的人会把鱼放在桌子上，一排排地码放起来，堆得高高的。科尔瑞瑟博士问为什么要这么做，卖鱼的人说："如果把鱼放在桌子底下，它将腐烂、变臭。"①

对待勇敢的对话时也适用同样的原则。你必须把鱼放在桌子上，清洗干净，这样才能在餐桌上吃到一道好菜，如果你把它放到桌子底下，它就会腐烂、变臭，最后变成毒药。

在工作中，哪些是你需要放到桌子上的鱼呢？在家里？在社区里呢？

如果你避免这样的谈话是有风险的，很难评估这么做的代价。在"挑战者号"航天飞机发射前，组织内部有工程师知道里面的O形环可能失效——如果它们失效了，整个的发射系统会爆炸。②然而，他却没有让美国宇航局的人知道这一消息。同样的事每天都在全世界的团队和组织里发生。当一个棘手的问题需要进行讨论时，你愿意毫无保留地说出并且倾听吗？

彼 得

我曾应邀去指导一位《财富》榜上名列前一百位的制药企业的首席执行官做一个主题演讲，在我与这位老板见面之前，一群焦虑的下属反复地问我。

“你打算怎么指导他？”他们中的一个人问道。

“你知道吗？”另一个人小声地说，“他说话含糊不清。”

“含糊不清？”我问。

“我们几乎听不懂他在说什么。”他们说。

“有人告诉过他这一点吗？”我问。

“哦，没有。”他们说，“我们从来没有告诉过他。”

果然，我进去听了一会儿他的排练，发现他的演讲真是难以理解。

我试着用一些迂回的方式让他吐字清晰。

“试着让你的元音发得饱满些。”我说。我让他做一种老式的动作练习，但不久，那位体形硕大、仪表堂堂的首席执行官就变得不耐烦了。

他在排练中停了下来，双臂抱在胸前，说：“这不是我该做的事情，我不舒服。”

很显然，这正是将那条鱼放到桌面上的时刻。

“听着，”我说，“我们在一起已经有20分钟了，在这段时间里，你说的话我有一半都听不懂。要么你选择自己舒服，要么选择让别人听懂你说的话。二者不可兼得。”

下属们都担心地看着我们。

那位首席执行官放下了手臂，笑了起来。

“我喜欢这个家伙，”他说，“让我们继续练习吧。”

只要将那些显而易见却令人不舒服的事实摆出来，我们就可以取得成果。

讨论棘手问题的勇气和意愿通常会拉近你和他人的关系，并在你们之间建立起高度的信任。

如果有下面的事情发生，那么你就需要把鱼放到桌子上了：（1）你回到家，告诉你爱人一件事——但是你却没有跟和这件事相关的人说起；（2）你在脑子里不断地重温一个问题，并且重复说自己想说的话；（3）每次当你和某个人在一个房间里时，你的胃或喉咙就会出现一些生理上的异常反应。现在，做个深呼吸，继续往下阅读，你将得到一些可以让你有足够的勇气直面下一次勇敢的对话的工具。

首先，需要解决的是妨碍你对话的信念问题。很多人所接受的教育都是最好保持沉默，绕开棘手的问题。如果你说不好，那最好就什么也别说，是这样吧？

如果你正在逃避谈话，可能是因为你存在以下的某些信念：

1. 如果我提出这个问题，我们会打架的。
2. 我会发怒或她会发怒。

3. 这只能让所有的事情变得更糟。
4. 她并不想知道真相。
5. 她根本不会听我说。
6. 她不在乎。
7. 她只为她自己考虑。
8. 最好是过一种简单的生活。

试试这样是否合适，你要想：勇敢的对话是增强你和其他人联系的一个机会（积极信念）。这听起来有些奇怪，但却是事实，就像断裂的骨头愈合后接缝处会变得更强壮一样。如果处理得当的话，通过一次坦诚的对话会加强人们之间的关系。

在所有勇敢的对话中最重要的目标是要保持联系纽带。这是你拥有的最有价值的东西。没有它，你无法影响他人；有了它，人们才会为你赴汤蹈火。如果你的观点说服了他人，但是在讨论的过程中破坏了联系，那么，你能真正获得什么呢？你成了正确的一方，但是却是以宝贵的关系作为代价的。

为了说明高危情况下人际关系的重要性，我们看看科尔瑞斯博士做人质谈判专家时的工作。这是结果导向型沟通最突出的例子：如果你不能进行令人信服的沟通，就有人会死。在与一个劫持人质的人沟通时，科尔瑞斯说，你不必喜欢他们或尊重他们，但是要实现你的目标——让每个人都活着，你就必须创造和维护一种关系。

想象一下，你正在跟一个人质劫持者沟通，他正用一把枪指着人质的头。他说："在10秒之内我将向所有人开枪。"

你说："请不要这么做。"

“为什么叫我不要这么做？”

“因为我想看看怎么能帮你。”

“你怎么帮我？我要开枪了！”

“你的孩子怎么办？”

（人质犹豫了一下）

“你怎么知道我有孩子？”

这是一次成功的交谈吗？你可能认为不是，但是从一个人质谈判专家的角度看，它是一次非常好的对话，因为劫持者没有开枪。你没有偏离要实现的目标，即让每个人活着出去，在这30秒的时间里，没有人死亡。你已经切实关注了他的需求，并且他也确实与你进行了交谈。到目前为止，一切顺利。

关注他人的需要会创造和维护一种关系，就像你对听众做的那样，你想着他们的需要，开始你的演讲（见第一章）。在一对一的交谈中，你也要这么做，要关注听众的需要。感知和满足一个人的需要是真正能对他们产生影响的方式。

你不必为了与一些人建立关系并满足他们的需求而花很长的时间了解他们，对一个完全陌生的人，在瞬间你就可以完成这件事。1992年，时任总统的乔治H. W. 布什和当时的候选人比尔·克林顿在市政厅举行的辩论就非常好地说明了这一点。

一位听众问候选人：“经济衰退对你们个人产生了什么样的影响？如果没有产生影响的话，你们就没有‘切身体会’，那我们如何期望你们能找到解决‘普通民众的经济问题’的方法？”

布什率先做了回答。他割断了自己和提问者之间本应存在的任何潜在联系。

他直接跳到那些抽象的、一般的事务上去了——谈论起有关国债和利率的问题，接着还巧妙地批评了听众提出的问题，并采用了一种防御性的姿态。他回答提问的时候，背对着提问者，身体逐渐远离了她，他的眼睛也没有与提问者进行交流，而是四处张望。

相比之下，克林顿一开始就与提问者建立起一种联系。

“再告诉我一次经济衰退对你造成了什么样的影响。”他边说边走近了提问者。

他一直保持眼神交流，在回答问题时语调轻松，吐字清晰。他引用了统计数字并且谈到了相关的政策——就像布什一样，但是他利用具体的细节将答案个性化了（“当工厂关门的时候，我理解开工厂的人；当企业破产的时候，我理解他们。”）。

最后，克林顿将关注的焦点转向了“你们”。（“你们的这次决定……”）并且提出了一系列明确、具体的目标。

这一简短的交流，可以说在讲话过程中满足了听众需要，堪称在极短的时间内与听众建立信任的经典之作。

专家提示 影响他人的唯一方式就是谈其所需。

除非你用钱贿赂他人，或用势力恐吓他，否则，为了改变他的行为你必须满足他的需要。

当然，如果你有权力，你还可以强迫他，这些都是中世纪时人们使用的方法。现在，在一些不幸的公司和家庭里，这样的方式仍旧在使用。但是，运用这样的方式，你不会获得持久的效果。只有你站在他面前，他才会按照你说的做，一旦你的命令和控制有所削弱，他就会起而反叛。这并不意味着你要自动放弃或任由他人各行其是，我们所努力的目标是想让你取得自己想要的成果，同时还不致像门垫那样任人踩踏。

看看下面这个从罗杰·费希尔和威廉·尤里合著的《寸土必争——无须让步的说服艺术》一书中节选的例子。

> 两个人在图书馆里争吵不休。一个人想开窗户，而另一个人想关窗户。对于如何开窗他们不断争执：开个缝、半开还是开四分之三，没有哪种方案能同时满足两个人。
>
> 后来，图书管理员进来了。她问其中的一个人为什么想开窗户。那人回答说："想让新鲜的空气进来。"她又问另一个人为什么想关窗户，那人说："想避开气流。"思索了片刻之后，她打开了另一个房间的窗户，新鲜空气进来了，而且没有气流。[3]

如果不能全面、完整地了解听众的需要，你就无法实现自己的目标。一旦你了解了他的需要是什么，你就能够以一种巧妙的方式满足他的需要，同时还能反过来让他帮助你。

当联系纽带开始断裂的时候，不管谁对谁错，你首先要做的就是修补它，然后才能开始解决问题。通常情况下，真正的问题是联系纽带已经中断时，我们还在采取行动。如果联系纽带还存在，对话将会更加顺利，你还可以犯错误，并且予以改正；一旦联系纽带断了，你就不能再犯错误了，当你第一次犯错误时，一切就都结束了。如果联系纽带受到了损害，那么创造联系纽带就是需要解决的首要问题。

—— 对话的障碍：清除障碍，激发认同感 ——

既然你已经决定要把鱼放到桌子上了，那么你就要制订一个使你精神饱满、成功解决问题的策略。这不仅仅是让他人明白你的观点，而是要进行一次对话，要将对话视为“两个头脑一起发现更高层次真理”的对话。

听起来容易，是吧？那为什么不一直进行良好的对话呢？

要掌握任何新技巧，重要的一点是首先要查清楚妨碍你的问题是什么。让我们看看人们常犯的三大的错误，我们称之为对话的障碍。你会发现这三大错误与演讲者在正式场合下发表演讲时出现的三大问题很相似。

❶ 说得太多。

以下列方式表现出来：

过于详细。他们给你太多的信息，你只需要更新的信息，而他们给你的是整个项目的历史。

自我陶醉。他们不会听你说什么，不会注意你发出的暗示。你慢慢向边上移动，最后在绝望中逃跑。他们不会注意——只是在不停地说。

专横独裁。他们想用无休止的话语来控制你，让你无法作出回应——就好像他们试图猛击你，让你变得屈服一样。（注意：尽管不可思议，但却是真的——十有八九，这种类型的演讲者口气都很臭。）

❷ 所说内容与你无关。

他们没有考虑你的需要。在训练中我们曾做过一次练习，叫做自传式倾听。练习中，人们围成一个圆圈站立。练习的目的是所说的话要全部与己有关。第一个人可能这样开始："我刚从夏威夷回来，我们航行非常愉快。"第二个人："航行——你乘船航行了？我们在索萨利托有一艘帆船，我们每个周末都驾船出去玩。"第三个人："周末？我大部分的周末都是在洛杉矶度过的，因为我的孩子们都在那里。"第四个人："洛杉矶？我上的是加州大学洛杉矶分校！"

你脑子里出现这样的画面了吧——这里并没有真实的对话发生。每个人仅仅是利用其他人作为提示，引导他们自己的独白而已。听起来熟悉吗？令人震惊的是，在现实生活中，这样的情况经常发生。

❸ 没有要点。

你可能有过一次对话，但是当你离开的时候，你挺纳闷为什么你很烦恼——因为什么事情都没有改变，没有任何积极的成果。

想象一下你与安东尼正在进行一次勇敢的对话，一次直接的汇报。他开会老是迟到。你说："安东尼，我想跟你谈谈有关你最近三次开会迟到的事情，可以吗？"如果他有意阻碍这次谈话，我们可能从安东尼那里听到几种反应。它们改写自科尔瑞斯博士的大作《谈判桌上的艺术》一书的内容。识别你身上以及其他人身上的这些策略，并注意你自己喜欢使用哪些！

消极："安东尼没有说话，只是扬了扬眉毛。"

否定："在周二的会议上我没有迟到啊。"

淡化："我只迟到了五分钟，用得着大惊小怪吗？"

转移话题：“很高兴你先提出来了，我正打算跟你谈谈我们部门会议太过频繁的问题呢。”

过于情绪化：“你怎么能说我迟到了呢？我这个星期每天都加班。”

过于理性化：“基于我们这个部门没有任何运行良好的体系，我想说我们需要重新审视目前的决策制订过程，特别是考虑到它涉及集体日程安排的问题。”

过于大众化：“这个公司总是存在时间问题。”

过于个性化：“你总是吹毛求疵，你从来没有注意到我的付出。”

缺乏真诚：“我迟到是因为我正在帮一位同事，她家里出事了，她要我对此保密。”

—— 对话的桥梁：建立纽带，发出共同的心声 ——

现在我们已经了解了这些对话的障碍了，那么怎样克服它们呢？我们称下面的技巧为“对话的桥梁”。这些技巧会帮助你克服对话的障碍，创造一种联系纽带。

明确你想要的结果，就像在正式的演讲时做的那样。在对话结束时，你想要实现什么目标？如果你不清楚这一点，那么你会把自己卷入冲突中，只是一味辩论并急于获胜。（我们可都在场啊！）如果你曾经在争论中恼羞成怒，说了一些让自己后悔不已的话，那么，你就会明白由于发怒自己可能成了“杏仁体劫持”的对象，就跟由于台上的恐惧而遭受“杏仁体劫持”一样容易。当有紧张情绪时，也会发生同样的过程，身体不再受思考的大脑的控制，而是本能地受到杏仁体的劫持，将血液注入你的战斗肌肉或逃跑肌肉中。

明确你想要的结果，然后聚焦它，这样可以帮助你避免出现灾难性的后果。用这样的方式进行陈述：“这次电话或谈话之后，他将……”例如：“对话结束时，安东尼将承诺下次准时开会。”这是最强大的一种工具，然而人们很少运用它。下次打电话之前，如果你能花30秒的时间在脑子里为自己设定一个清晰的目标的话，你实现目标的概率会大大提高。将对话的过程在脑海里过一遍，将其视觉化——运用你的心灵之眼去看看你想要的体验。

将人与问题分开对待。④如果你将一个人贴上了标签，即使只是在你的心里那样想，也不能解决问题。例如，如果安东尼每次开会都迟到，你会将他视为一个不负责任、反叛的人，那么他就是一个坏员工了，除了解雇他之外没有其他解决问题的方法了。另一方面，如果你能将人和问题分离开来对待，你就会看到问题不是安东尼本身，而在于他的行为——开会时他来晚了。

你和安东尼坐下来，告诉他你需要跟他谈谈出席会议的事情，并且带着好奇心观察他会有什么反应。如果你发现每次开会安东尼都是刚从另一个公司回来而迟到10分钟，那么这还不错，他只是不理解开会迟到是个问题而已。因为你正在拖延进行勇敢对话的时间，他不知道自己的迟到会令你烦恼，实际上，他很愿意准时出席会议。这样，问题解决了——而且你也留住了一位好员工。

说四句话之后停下来。大脑研究表明，大多数人在对话时只能全神贯注于前三四句话，在此之后，注意力会急剧下降。不确定你是否也是这样？在家里做个小测试：连续不停地说十句话之后，观察家人脸上的表情，他们是看着你呢还是看着窗外？

专家提示 记住，说话不要超过四句，停下来，观察对方的反应。

提问题。对话中无论谁提出问题都会推动谈话的进行。由于一些奇怪的原因，我们大多数人都认为让别人同意我们的看法需要连续不断地与对方争论。其实，这样做并不管用。如上面所解释的：一方面，在四句话之后，别人就会转移注意力了；另一方面，一个简单的事实是即使他坐在那里看着你也并不表示他在听你说话。面对这个现实吧，我们大多数人仅仅看别人的脸部表情、看别人的嘴唇来判断出他什么时候会停止说话——这样我们就知道此时该轮到我们说话了。在对话中，提出问题的人将手握操纵杆，他才可以掌握对话的方向。你要做这个人！

奖励让步。这一条来自驯狮的经验。一个驯狮员与一头狮子在围栏里，驯狮员会不断发现狮子作出的让步并给予奖励。如果驯狮员响了一下鞭子，狮子停住了，那就是一种让步，此时需要对狮子进行奖励。驯狮员的奖励就是往后退一步，他的潜台词是说："谢谢你给了我更多的空间。"如果驯狮员用响鞭子之后狮子停住了，但驯狮员仍旧往前移动，狮子会将其视为进攻的信号，进而攻击驯狮员。希望在这么困难的沟通中你的生命不会有危险——但这样的原则同样适用。

对让步进行奖励有很多种方法：

❶ 口头回应：如"不错""谢谢你""我明白""太棒了""我明白

了”“我很感激”“很有道理”等。

❷ 半口头的回应：对方讲话停顿时，你发出肯定的声音，像“嗯”“呵”等。

❸ 非口头的反应：微笑，向后挪点地方给它们腾出更大的空间，点头等。（注意：要慎用点头——它可能意味着同意）。

这些原则与先前的两点配合使用更好，这两点是指：避免独白和提问相契合。你可以同时避免独白，进行提问并奖励让步。首先，提出一个对方能用“行”“是”“可以”等词回答的问题。比如，“我想跟你谈谈有关你开会的事情，可以吗？”显而易见，唯一合适的回答就是“可以。”你现在已经提出了一个问题，并且有了积极的回应。这样的开始是良好的互动，你就要迈向成功了。

如果你是这样开始的“我想跟你谈谈你开会迟到的不礼貌行为”，与前面的提问对照一下，你认为你们之间的谈话会怎么进行下去呢？砰的一声，你能听见他的心灵之门已经关闭了吗？他把自己关在了里面，准备反抗你的攻击。

想跟你的老板谈谈新培训项目的事情吗？避免说：“我们能谈谈为什么我们这里没有任何培训项目吗？”而要这么说：“我想跟你谈谈我们如何才能提高团队的技能，可以吗？”如果你正在跟你的孩子谈毒品的事情，不要说：“我想跟你谈谈怎样才能确保你不跟那些无所事事的人在街上消磨时光。”而要尝试着这么说：“我想跟你谈谈我们将如何帮助你，以使你明年能成功入学，可以吗？”当然可以了！除此之外他还能说什么呢？将焦点瞄准理想的结果，问他们能用“行”“是”“可以”等词回答的问题。

“安东尼，我想跟你谈谈有关你开会的事情，可以吗？”

根据推测，安东尼会说可以。

说可以是一种让步，你已经达成了第一份协议，要感激它，因为它会让你马上进入对话过程。

“太棒了，谢谢你。”

然后你就可以分成几个小节来阐明你的观点了。每一个小节结束的时候都提出一个问题，将球抛向听众，这样就能避免陷入独白，让其他人参与到对话中，而且你还掌握着谈话的方向。同时，在对方每一次作出让步时，你要有所回应。这样做会搭建一座通向成功的互动协议的阶梯，这个过程会建立一种关系——那正是你所追求的。

表明承诺。“我致力于为这个问题找到解决办法并会做任何需要做的事情。你呢？”

改变气氛。如果你卡住了，试着提出这些问题：

1. “你是怎么理解我的想法的？”
2. “我说的话有点道理吗？”
3. “你打算做什么呢？”

运用沉默。匆匆忙忙地打破沉默是不安全的表现，沉默是权威的信号。你想要实现的变化可能在沉默中发生。只需静静地等待，任由人们默不做声地待在那里——在这样没有人说话的不舒服时刻中获得舒适。

化解愤怒

通常在勇敢的对话中，一方可能会发怒。这是一件棘手的事情，因为一旦发怒，你的杏仁体将会介入，试图保护你。当你的大脑准备战斗的时候，你的脾气可能会开始失控。有关暴力的一个警示性的说明——如果一个发怒的人在你面前显示出了任何使用暴力的信号，注意这个信号并且马上扭转局面。

但是，如果你感觉到这么做身体上是安全的，那么，解决问题的方法，就如同和人质谈判一样，是与他人创建关系。

听起来不可思议吧？当你面对一个怒气冲冲的人时，你最不愿意做的事情就是与那个人建立联系，但事实上，这是你成功对付他的唯一方式。你不能劝他不发怒，或向他解释为什么他不能发怒，你必须化解他的愤怒。要做到这一点，你必须倾听他。

将其当作一个疖子，开个切口，堆积在里面的疮毒就会全都喷涌出来。仔细倾听他说的话，不要试图妨碍或打断他。问他有助于你全面了解有关情况的问题，并且真诚地表现出你的同情。弄清楚他经历了什么事情，不要试图修复它，也不要试图将它弱化。如果你弱化、无视或否认这一问题，都无异于火上浇油。注意：你承认了这一问题并不表示你承认错误或你是问题的主要负责人，你只是饱含同情地清楚地、同情地听懂了他说的内容。

一旦你听完他说的话，并且理解了他的感受，你就有了一个重建关系的平台。这个平台是基于共同的理解——一种联系——一种承诺，你承诺做一些事情来帮助他。如果你没有接受他说的内容，你是无法帮他的。

如果你是一个解决问题、修复问题的人，或一个贸易顾问，在你听完整件事情之前，你会自觉去尝试解决这个问题。他一开始陈述问题，你就有了解决方案，你的解决方案如此之好，以至于你都等不及谈论它了，这就是对话开始出问题的地方。在你想出解决方案之前（无论这个方案有多好），其他人需要发泄一下。你应该让他发泄，并证明你很关注他说的话，而且听清楚了他说的话。这是整个过程必须经历的环节。要做到这一点，你要倾听、提问并且改述。我们不是指鹦鹉学舌，你不能重复他说的每一个字，这样做太过明显且让人厌恶，只会使他更加怒不可遏。

为了进行改述，你要用简单、明确的陈述将你听到的内容作个总结，表明你听明白了对方说的内容："好吧，让我看看我是否明白了你说的意思。这批货晚到了两个星期，耽误了你的订单，现在听起来好像是你跟老板之间有问题了，是这样吗？"当你转述的时候，注意对方使用的感觉形式：视觉型、听觉型、感觉/感官型或者数字/逻辑型的。倾听并且与他的感觉形式相匹配，如果是用的他感觉/感官型，他会说："对此我感觉不舒服，我们感觉能信任你。"你的反应应当是："我理解你的愤怒和困惑，我们需要了解如何才能回到正轨。"

他会告诉你他是多么喜欢将这点告诉你。听着，在表达对方的愤怒时，注意你的用词。如果他已经狂怒了，这个时候你应该说："听起来你好像有点生气。"这会让问题变得更糟："有点生气？"他会说："有点生气？我不是有点生气，我是非常愤怒！"这样的话，你将不得不重新来过了。

当你面前那个愤怒的人松了口气时，你要说："是的，没错。"现在你就可以开始解决问题了。你体贴的、没有干扰的倾听已经在你和那个愤怒的人之间建立一种联系。他知道你听了他的倾诉，并且理解他，尽管你还没有触及到问题的技术层面，你已经实现了主要的目标——化解他的愤怒，并且建立关系了。现在，你可以进行一次有意义的、寻求解决方案的对话了。

当你面对狂风暴雨般的怒语袭击时，要坚持自己的立场是很不容易的。生物化学没有教导我们如何带走愤怒，如何倾听它，如何处理它。事实上，我们的每一个生物细胞发出的都是抗拒它的命令。你将再一次感觉到杏仁体开始占上风的警告，你会感觉到不可遏止的冲动："等一下，那不对，不正确。我们从来没有承诺过……"记住，你正在教自己掌握新的技巧，这是一个你以前没有掌握的技巧。如果它很容易就能被掌握，那么每个人都能做到了。无论他说的话语多么的疯狂，多么不公平不准确，在他说完要说的话之前，都绝对不要反驳他。

专家提示 针对某一问题，在对方发泄完之前，一定不要提出解决方案。

注 释：

① 乔治·科尔瑞瑟：《谈判桌上的艺术：领导者如何克服冲突、影响他人、提升绩效》，约塞-巴斯出版社（Jossey Bass），2006年。

② 迪亚娜·沃恩：《挑战者号发射决定：风险技术、文化和国家航空航天局的越轨》，芝加哥大学出版社，芝加哥，1996年；德州农工大学哲学系和机械工程系：《工程伦理：挑战者号发射灾难》，网址：http://ethics.tamu.edu/ethics/shuttle/shuttle1.htm (2009年10月26日)；科特·胡佛、华莱士·莱士芙勒：《工程伦理、安全和可信度研究》，得克萨斯大学奥斯汀分校和得克萨斯空间奖学金联合会。网址：http://www.tsgc.utexas.edu/archive/general/ethics/shuttle.html (2009年10月26日)。

③④ 罗杰·费希尔、威廉·尤里：《达成一致：没有让步的谈判协议》，企鹅图书，纽约，1991年。

第十一章 危机沟通

—— 必要性：正确处理，把危机转化为共赢 ——

危机时有发生。

危难时刻，方显人的本色。对于领导人而言，此刻正是你往前迈一步成为身边人的安全基地的机会。做得好，会成就一个英雄，做得不好，公司就垮掉了。

你不必非得困在一条泥泞的壕沟里，等着在混乱时提供洞见、在恐惧时提供安全或面对怀疑时展现真诚，机会几乎每天都会叩响你的房门。

我们曾对一家名列《财富》杂志五百强的金融公司的CEO及高管们进行过培训。在培训过程中，我们休息了一小会儿，当他们返回课堂时，个个脸色煞白。

他们刚刚得知公司股票价格大跌的消息，房间里的大部分人都清楚，他们的个人净资产缩水了一半。离开培训室之后，这些人不仅仅要遭受媒体的狂轰滥炸，还要应对员工们的焦急询问——他们都想知道能否保住自己的饭碗。此时，高管们都会面临一种诱惑，那就是锁上办公室的房门，拒绝对股价波动作任何评论。与之相反的，我们鼓励他们积极沟通。

有疑问的时候，总要多进行沟通。在没有任何信息的情况下，人们会贸然得出最消极的结论。你的沉默就是一张空白荧幕，恐惧之下，人们会把自己最糟糕的想法投射到上面。为了确保这些高管们传达的信息是有效的，我们给他们制订了一个危机沟通方案。这个方案是有效的，因为它基本上是以人类需求的金字塔模型为基础制订的。这个金字塔模型是人性心理学的奠基人亚伯拉罕·马斯洛提出来的。马斯洛认为在满足更复杂的需求前，你必须先满足人们最基本的需求。确实，人们需要学习、成长，并对社会有所贡献，但是如果他们处于饥饿之中，那么在他们产生其他需求之前首先得吃东西。在危机或者大变革时期，人们的恐惧之情已经溢于言表，此时他们的需求是很急迫的。因此，在这个方案的实施过程中，你要依次满足听众的安全、联系以及贡献的需求。

一个侧面提示：如果你是高级行政主管或是一家大型公司的负责人，不要只派人力资源部或处理行政沟通事务的人去做这项工作。重要的是你应当亲自出马，亲力亲为，参与信息的拟定过程。不要等着其他人呈送拟好的信息要点，最后你看到它时发现存在不足之处，内心满是失望。况且，在媒体的人敲响你的门之前已经没有时间进行修正和完善了。毕竟，你是必须传达信息的人——你应当参与它的拟定过程。之前我们就说过，真实具有无比巨大的威力，就从这个时候开始吧！

以下就是我们当天给他们的方案。后来，他们说，在那段艰难的时光里，这个方案是他们所运用的最有价值的工具。要时刻记着它，说不定哪天就会派上用场。

❶ 我们确实知道的事情。人们首要的基本需求就是确定性。在你满足这一需求之前，不能处理更高层次的需求。要真诚地告诉他们你绝对可以确定的事情，即使你能确定的事情是太阳明天还会照常升起。确定性会使歇斯底里的人冷静下来。这个过程可以使我们扎根于自己信赖的事物，因为我们以生存为导向的大脑天生具有负面的导向，我们倾向于产生一系列的疑问。别的地方会出错吗？其他方面呢？会有别的差错吗？恐慌和歇斯底里就是这样蔓延的。例如，你可能说："我们确实知道这件事情。我们的股票大跌了，以前也多次出现过这样的情况，每次我们的股票价格都会反弹。我们的资产雄厚，银行里有充裕的现金，我们对客户的承诺不会改变，资金流仍是很稳定的。"如果某些人想了解某个主要问题，而你没有对此进行说明，他们的呼声就会更大。

不要想在这个环节蒙混过关，或者作出不切实际的申明。每个人都在用锐利的、担忧的眼神看着你，他们会捕捉到你眼中任何的不确定或虚伪。只讲你确实知道的真实情况，否则，你的信誉会受损。

❷ 我们不知道的事情。"我们不知道这场危机会持续多长时间。"再次强调，要诚实。听到你的实话他们会平静下来。如果你坚持说一切都很好，不承认现实，那么每个人都会认为你在撒谎，你的信誉将会遭到永久性的破坏。将自己视为一个医生，你不必将所有骇人的可能性都列出来，那对你的病人没有什么好处。在那样的情况下，只挑出一个或两个人们主要关注的事情进行说明就可以了，承认自己无法确定它们。

❸ 我想到的事情。在这个环节中，你有机会转变成真正的领导人。由于处于特殊地位，你可以了解其他人所不知道的内部信息。可能，你富有远见，却不担任领导职务，那么，此刻正是你进入危机产生的真空地带，并且

占据一席之地的大好时机。你可以告诉人们自己的想法，人们希望知道你是怎么想的。“我的直觉告诉我一切都会好起来，但需要九个月的时间。”

❹ 你能做的事情。人们需要有所贡献，需要感觉到自己正在发挥重要的作用。危机发生时，最糟糕的莫过于袖手旁观、无所事事了。没有人想做一个消极的人，拥有一份工作会让人产生一种能够掌握自己命运的感觉，同时也有利于平息内心的惶恐。现在的行动是未来的基础，将来会发生什么取决于现在所有人的共同努力。“我需要你们比以前更努力、更高效。当形势恶化时，团队可以用提高绩效的方式来应对，我们需要展示出这一点。”

❺ 你可以从我这里获得的希望。作出一个承诺，并确保你能够完全履行。“我将每周与你们碰面，告诉你们最新的计划；我将会继续游说董事会的人；我将会不遗余力地支持你们任何一个人。”确保自己成为那些看好你的人的安全基地。作出承诺并遵守是领导人的一项主要职责——它会创造一种信任的环境。

❻ 这样做的意义。人们需要心怀希望。作为一名领导人，从事实当中提炼出做事的意义并且将这些意义传达给那些指望你指导他们的人，是你的工作。比如，遭受这种痛苦的原因是什么？从长期来看，你怎样才能在磨砺中变得更强大？赢得这场战斗的潜在利益是什么？注意，这跟你告诉他们“前途是光明的”有很大的不同。无论如何要避免以盲目的乐观掩盖形势的严峻。人们想要知道真相，想要知道事实。还记得温斯顿·丘吉尔在1940年就职首相时发表的那次演讲吗？他是这么开始的：“我没有什么可以奉献，有的只是热血、辛劳、眼泪和汗水，”①没有丝毫的盲目乐观，但他在结尾时说，“此时此刻，我觉得我有权利要求大家的支持，我要说：‘来吧，让我们同心协力，一道前进。’”人们都希望参与超越他们自身的事情，这会给他们一种崇高的使命感。

—— 危机沟通案例两则 ——

英国石油公司钻井平台爆炸事件

2010年4月，英国石油公司（BP）在路易斯安那州海岸的钻井平台发生爆炸，导致11名工人死亡，17名工人受伤，大量的石油泄漏到了墨西哥湾。英国石油公司对此事的处理就是一个糟糕沟通的例子。它没有马上公布所有的信息，而是极力掩盖漏油事故造成的危害——公司第一次发表申明时公布的油井漏油量大大低于专家们的测量数据，并且英国石油公司起初拒绝第三方科学家测量漏油的速率。英国石油公司没有承担此次事故的全部责任，而是将责任推卸给了其转包商。

时任公司总裁的托尼·海沃德，对挽回公司的形象没有发挥一点作用。他穿着细条纹外衣，与海湾里穿着污秽工作服、受漏油事故影响的工人形成了鲜明的对比。而且，在处理危机的过程中，他还抽时间去英国观看了帆船比赛。在接受采访时他说希望这场危机早点结束，“因为我希望找回自己的生活”。很快，他以自我为中心的言论影响就超过了他正式道歉的影响。

奥德瓦拉果汁安全事件

相比而言，1996年果汁制造商奥德瓦拉（Odwalla）对危机的处理则反映了快速行动、信息透明以及明确沟通的重要性。当调查显示几起大肠杆菌案例与奥德瓦拉公司的新鲜苹果汁有关时，公司马上行动并且展现出了真诚、同情以及负责任的形象。执行总裁斯蒂芬·威廉森下令紧急召回4600个零售点的产品并且在当地报纸上发布有关召回的信息，以使消费者都能了解具体情况。在48小时之内，公司就建立了一个危机处理网站，记者和消费者都可以看到相关的进展信息（尽管在那个时候，奥德瓦拉还没有公司或者促销的网站）。

公司向受病菌感染的所有人支付医药费，并且在产品召回的五周之内就采用了新的快速巴氏灭菌法以杜绝未来出现灾难的可能性。

“我们并没有什么危机管理程序，我只是遵照愿景宣言和诚实、正直以及可持续的核心价值准则行事而已。”2001年在接受《快速公司》杂志专访时，威廉姆森说：“奥德瓦拉会永远记得1996年所犯的错误。我们不会试图隐藏那道伤疤，也不会掩盖事实的真相。我们要把它放在显眼的地方，时刻提醒我们要不惜一切代价避免这样的惨剧发生。”

注 释：

① 温斯顿·丘吉尔在下议院发表的第一次演讲，1940年5月13日。

奉献的唯有热血、辛劳、眼泪和汗水，我们所面临的将是一场极其严酷的考验，将是旷日持久的斗争和苦难。若问我们的政策是什么？我的回答是：在陆上、海上、空中作战。尽我们的全力，尽上帝赋予我们的全部力量去作战，对人类黑暗、可悲的罪恶史上空前凶残的暴政作战。这就是我们的政策。若问我们的目标是什么？我可以用一个词来回答，那就是胜利。不惜一切代价，去夺取胜利——不惧一切恐怖，去夺取胜利——不论前路如何漫长、如何艰苦，去夺取胜利。因为没有胜利就不能生存。我们务必认识到，没有胜利就不复有大英帝国，没有胜利就不复有大英帝国所象征的一切，没有胜利就不复有多少世纪以来的强烈要求和冲动：人类应当向自己的目标迈进。我精神振奋、满怀信心地承担起我的任务。我确信，大家联合起来，我们的事业就不会遭到挫败。在此时此刻的危急关头，我觉得我有权要求各方面的支持。我要说：来吧，让我们群策群力，并肩前进！

第十二章 运用新技术

在高危情境下，你需要所有人达成一致意见。当你需要掌控局面时，你的话绝对不能显得无聊乏味。但是，我们许多的沟通技术所营造的环境很难让人全身心地投入到沟通中去。以电话会议为例，有多少会议太无聊以至于你将电话调成静音并且开始处理你的电子邮件？

有过这样经历的人可不只你一个！

我们所处的世界，到处都在应用新兴的沟通技术：电子邮件、即时通信、电话会议等。我们都有过运用这些媒介的惨痛经历，也都为之付出了代价。

那么，我们如何才能更成功、更专注、更有效地运用这些技术呢？在特定的环境下，应当选择何种媒介，并且运用它更好地替代面对面的沟通呢？

和其他的沟通形式一样，当你运用新技术进行沟通时，真正重要的是建立人与人之间的联系。没有人类的联系，就不会有关系，就没有参与的热情，就无法让听众从A点移动到B点。

但是，技术本身不会创造关系，就像乐器不会自己弹奏一样。你必须学会运用这种媒介，让它穿越空间和线路把你投射出去。运用技术时，要保持人类联系的明晰和生动，而不能让它变得沉闷和苍白。如果你不能熟练地运用技术，那么技术会自动地削弱联系。因此，现在的问题就变成了在运用技术时如何建立联系。

目标就是你尽可能地使沟通媒介人性化、个性化，尽可能让你所使用的沟通媒介“温暖贴心”。为什么这么做很重要呢？如果你正试图运用一种沟通媒介影响某些人，那么，你就需要发挥所有的个人影响力。在直接的、面对面的沟通中体会到的感觉越热情，那么通过媒介沟通重新产生这样的亲密感就越难。

面对面的沟通就是我们称之为“热情”的沟通方式。当你跟同一个房间里的人讲话时，你可以利用自己的身体、面部、眼睛以及声音。在漫长的岁月里，人类都是这样交流的。在这样的氛围中，建立联系是最容易的。

为了视频会议，在你面前摆一部摄像机或为了用幻灯片演示将屋里的灯都关掉，这样，你和听众之间就会失去一定的身体连接，会“冷却”你们之间的交流。在召开电话或音频会议时，你无法运用面部表情、眼睛和身体，一切都会被冷却到另一个等级，你只能运用声音来表达自己的意思。

最“冷酷”的沟通媒介是电子邮件，除了书面的字词以外什么都没有。电子邮件是最常用的沟通媒介，但也可能是最危险的媒介。因为每个人都知道谁在电子邮件中开了玩笑或说了讽刺的话——并且出现了严重的问题。随着你的个人工具与沟通媒介的剥离，“冷酷”程度不断增加，你就不得不更费力地跨越电子距离所造成的空白了。

—— 电子邮件 ——

每一秒，都有两百多万封电子邮件被发送出去。[①]你可能觉得大多数邮件都会止步于你的收件箱。你猜怎么着——与你往来的每个人都会这么想。你曾有过这样的经历吗？收到了某人发来的一封电子邮件，一看到发件人的名字你的心就沉下去了。你知道这封信会很长，读起来很费劲，需要更多的“精神宽带”，但你并没有那么多。

不要做那样的人。不断的对话以及邮件往来会打造出你自己的声誉。让你的邮件变成接收者期待的类型——简单、易读并且清晰。

涉及事实资料的情况下，运用电子邮件是个不错的选择。提出或回答一个问题，做一个简单的、不被打断的要点陈述或发送数据，要运用电子邮件——不要使用电话或留语音信息。人们不想花半小时的时间坐在会场里听你在五分钟内就能通过邮件发给他们的信息，也不想听一封90秒的语音信件，里面讲的都是复杂的事实，而他们还必须将这些事实资料记录下来。为减轻他们的压力，做一些事情——用一种易于阅读的方式组织和描述你的想法。

以下是一些完善你电子邮件的建议：

❶ 吸引读者注意。电子邮件应当是简短的，因此没有时间将坡道的经典要素都体现在里面。但是开头的句子应当是与读者相关的，能让读者马

上明白为什么应当关注信的内容。“苏珊，上次会议你提出来我们公司需要进行培训的问题，做得很好，我很感谢你提出的建议。以下是我对此事的回复。”

❷ 当心对“我”的迷恋。所有句子的开头都用“我”，这是一种病。快速浏览一下你的信箱，检查一下里面的邮件（你发出的和接收的）有多少封是以“我”开头的，数量之多，往往会令人咋舌。治疗这种迷恋病的方法就是将“我”和“你”的使用比例调整到合适的水平。你的读者想要知道里面哪些内容是与他有关的，因此，在信中要谈论他最喜欢的主题，即他自己。以“你”打头。

注意下面这个迷恋“我”的例子：我用一些指标衡量了团队的绩效，我觉得他们做得很好，我希望你看一看。我想你会认为我的结论是有道理的。

现在将“我”和“你”的使用比例调整到合适的水平，看看同样的一封电子邮件读起来会有多大的差异：“既然你很关注团队的绩效，这里提供的一些指标可能会给你提供帮助。”

再举一例，将下面两种方式进行对照：“我想跟你谈谈你应当改进的三个方面：（1）花更多的时间与团队在一起；（2）更积极地参加高层会议；（3）外出工作表现更积极。”

或者：“艾利克斯，你上周告诉我你对经理一职颇感兴趣，我认为你的专业技能足以胜任这一职务，但目前来看，在三个方面你仍然有待改进：（1）花更多的时间与团队在一起；（2）更积极地参加高层会议；（3）外出工作表现更积极。”顺便提一下，理想的情况下，像这样事关管理的对话应当是面对面进行的，至少应当通过电话沟通。但是，现在的全球环境有时候让人不能当面沟通，而需要通过电子邮件进行沟通。因此，现在关注电子邮件能以什么方式给人留下印象就更加重要了。

❸ 为你的电子邮件“瘦身”。大多数电子邮件都太长了。你向读者展现出来的最大礼貌就是合理地利用他们的时间。让他们通读冗长的电子邮件是对他们极大的不尊重，而且他们可能得读两三遍才能明白其中的要点。写好邮件，然后删去一半的内容。当你写给上级时，规则是：对方的职务越高，信要越短。（注意：实际上大多数人做得正好与此相反！）你在公司内的级别越高，你倾听的时间就越少。如果你向一位高级经理写包含三段的邮件，那么你是在冒险，因为收信的人有可能不会读完你的信。悲哀吧，但这是事实。记住：简洁就是力量！

❹ 一封邮件只谈一个主题。这有利于收信的人进行回复和存档。

❺ 邮件中要包含所有必要的信息，这样，读信的人就不必再查阅其他资料以弄明白你正在谈论的是什么了。一封邮件是这么写的：“是在三点钟。”对于那些一天邮箱里会收到两百封信的人来说，这样的信一点用处都没有。“拉姆齐的会议是三点钟，地点在会议室。”这才是他想要知道的内容。记住：不要给看信人带来不必要的麻烦。

❻ 点击发送之前做“首页测试”。意思是你永远不要在一封邮件里写一些你不愿在《纽约时报》头版上看到的、而且有你署名的东西。邮件看起来是零散的、暂时的、私人的东西，感觉跟你的同事开玩笑或取笑老板也是安全的，但事实并非如此，你写的每一封邮件都是永久性的，都可以被无限复制，并且在一秒之内就能轻易地被发送到世界各地。你公司内的一些人可能会看到你写的所有东西。在美国和英国，有三分之一的大公司都雇用专门的人阅读和分析发送出去的电子邮件，以防止发生法律、财务或监管风险。[②]

❼ 运用斜体和粗体字以创造语调、节奏的变化或强调句子中的某些重点。在没有声音的情况下，这会让者更容易理解你所说内容的细微差别。注意下面两个句子的区别:

如果你想引起每个人的注意，那么在开会之前考虑他们的需要。

如果你想引起每个人的注意，那么在开会*之前*考虑他们的需要。

尝试以你说话的方式——以对话的方式写信，强调有效词汇让你的意思表达更明确。要刻意创造情感效应，无法运用眼睛、面部和声音的时候，读信的人会捕捉任何传达说话人语气的信息，任何小小的信号都会被放大——要当心！不要在一封邮件或文本里全部使用大写——这看起来像是在叫喊。邮件本来的感情语调是比较冷淡的，可以用感叹号增强邮件的感情语调，注意下面两种表达方式的情感差异：

做得好。

做得好！

❽ 考虑不发送邮件。你确实需要发出这封邮件吗？公司里每个人的信箱里都塞满了邮件。你可以做的最礼貌的事情就是抑制住你的冲动，不要让别人在与其无关的事情上浪费时间。

❾ 写一封表达谢意的电子邮件怎么样？忙碌的人往往很讨厌他们的信箱中塞满了杂乱无章的电子邮件，一些人也将感谢信归为这一类。然而，这是一个事关个人喜好的问题，为了了解对方的个人喜好，值得进行一次简单

的交谈。有的人认为在交流的最后不发送感谢信是非常粗鲁的，如果你没有这么做，那么将会不断地破坏你和那个人之间的关系。就像精致表面上的砂纸，这样的细节老板可能会觉得不值得大动干戈，但是，你每次处理不当的时候，他都要咬牙忍住自己的不满。所以，要问明情况。

⑩ 在邮件中加“NRN”（不必回复）是另一个个人偏好。这同样要作出明智的判断。一些人喜欢，认为这是减轻他们工作量的好方法，另一些人则认为这样做关闭了沟通的渠道，是傲慢的、可憎的。向其他人（特别是你的老板）确认一下他们对该问题的看法。

⑪ 运用表情符号和可爱的缩写如LOL怎么样？如果你在正式的公司环境中，运用这些要特别小心。通常情况下，高级领导人沟通时一般不会使用表情符号，而且从成本—收益的角度分析，它也没有多大的意义。如果你在发给某人的电子邮件中使用了他不喜欢的表情符号，这会破坏他对你的好印象。仅仅为了添加一个笑脸而冒这么大的风险值得吗？我们建议在家人和朋友之间发送邮件可以运用表情符号。

⑫ 关于一般的情绪：如果你正在用邮件进行交流，情绪开始升温，最好尝试放弃电子邮件改用电话进行沟通。但是，电子邮件的冷淡有时候可能也是有用的工具——特别是面对面交流可能会情绪失控的时候。它让你有时间进行反思，让你以一种冷静的、条理的方式把你的意思表述清楚，甚至为了满足看信人的兴趣你还可以建造一条坡道。例如：

亲爱的卡洛斯：

如何处理截止到今天的新账目，帕德玛需要我们作最后的决定。尽管在今天的会议上我们意见并不一致，但我想你跟我一样迫切希望展示我们的协作能力，并且为团队作最大的努力。我认为我们的目标是一致的，只不过为实现目标我们喜欢的方式有所不同而已。下面我列出了我们应当共同推进的三种方法，希望你多提意见。

祝好！

米亚科

—— 电 话 ——

在打电话之前，花30秒思考一下你想要的结果是什么。在对话的过程中，你想要什么事情发生？为什么他们应当关注你说的内容？用一句话概括你要传达的信息，是什么？如果某些事情变得混乱或容易激起情绪波动，而你正试图修复你和他人之间的关系时，这么做是特别有用的。

人类的本能倾向于从彼此的身体找暗示——身体先暴露出一些信息。在电话中，因为你看不到另一个人，所以很难分辨他们的反应。为了弥补这一不足，提问以确定对方理解了。停顿一下，看看他们是否还在听你的电话。我们的经验是，在电话会议中，你不能不停地讲话超过七分钟，而不去看与会人员的反应。你可以说，“让我停下来看看你们对此是否有什么问题”或“到目前为止听起来怎么样”或“露西娅，关于这个问题，你是怎么看的”或“我讲的是你们想要知道的内容吗”或“到目前为止，所讲的内容听起来怎么样”。

电话中，你的声音是唯一可以利用的工具。好的一点是你的声音是非常有力的工具，不好的一点则是在电话中我们倾向于压抑自己的声音和情感，当我们听某个人在电话中长时间讲话时，跟演讲一样，我们遇到的主要问题是单调。

千篇一律会让人厌烦，如果你在那里不停地嗡嗡作声，你的听众就会昏昏欲睡。电话沟通时，重要的一点是要让你的声音富于变化和感情色彩——或正如我们所说的，培养声音的多样性。为了检查你电话中声音的多样性，可以反复听你留下的语音邮件。在广播中，我们称这种方法为“空中检查”，这是发现你声音与技术是如何相互影响的最好方法。你的声音听起来怎么样？是平缓的还是充满活力的？是单调还是富于变化？通过电话，你传递了你的热情和个人风采了吗？

风采来自于能量，既然电话中的声音趋向于平淡，那么，解决方法就是运用更多的能量——但不是大喊大叫。旧金山JE天才培训机构的老总约翰·厄兰森，也是一位有名的配音老师，他将该方法称为声音的“内爆”。要使你的声音产生“内爆”，你需要在嘴的前方创造阻力，想象一下将你的声音汇集于针尖的感觉——就像《霍顿奇遇记》中所描述的那样。

在打电话前将自己调整到最佳的表演状态是很重要的，就像你在面对着现场的听众讲话一样，但这是非常困难的。当你在台上的时候，你的肾上腺会为你提供能量，而在电话前，你会变得慵懒和自满，因为我们打电话的次数太多了。

当你说话时，想方设法使眼睛、嘴唇以及脸颊积极而有活力。这样做的目的不是为了产生戏剧性的效果，而是为了让你的声音富于变化，使听电话的人容易理解你的想法。很少有人在接完电话后会说：“我真希望她别这么生气勃勃的。”

如果电话重要，那么，打电话的时候要坐在椅子边上，身子要挺直，不要靠在椅背上，保持挺胸的姿势会提高你的声音质量；如果电话极其重要，那么请站起来！相关研究显示，站着的时候大脑运转更灵活。如果你感到累，站立或挺直身子坐直会大大增加你的能量。

专家提示 讲话时面带微笑，听电话的人能感觉出来。

试着让面部肌肉松弛下来，耷拉肩膀、弯着身子阅读上面一段的内容。感觉如何？千万别以这样的状态打电话。现在，试着挺起胸膛坐直，双肩后倾，并面带灿烂的笑容重新读前面的内容。感觉到什么差别了吗？这样会改变你的声音，听你说话的人会记住每次的差异，这样也会让你的声音鲜活而生动。如果想抓住人们的注意力，你就必须挖掘和寻找更多的能量，让人觉得听你讲话是件很愉悦的事。

打电话还需要考虑你的声音和电话技术之间的相互影响，因此，要运用好电话技术。不要使用免提电话，这样容易产生回音，而且会让你的声音听起来有点恍惚，以致别人不容易听清听懂。相反，要使用优质的手机或耳机，将话筒放在嘴巴附近并对着话筒讲话。给你信任的人打电话，问问他们你的声音听起来怎么样，努力创造一种热情和亲密的感觉。新闻播音员在早期接受训练的时候，就会假设他们正对着人们的耳朵说话，而不是对着人群大喊大叫。

不要只顾自己说话，而无视他人的反应，说三到四句后停下来提个问题。当你说完四句话，对方就不再集中精力听你了。在电话中，你要用简短的句子并尽快地说出自己的想法，否则，对方会变得不耐烦。同时你要记住，不要一遍又一遍地重复所说的话。

尚 恩

在电台上班的时候，我们的业绩取决于节目的收听率——每一刻钟就会计算一次收听率。听众如果感到无聊，只需要简单地换一下台就可以了。想象一下，你的听众正待在家里，手里拿着遥控器，随时准备在对你不感兴趣时换掉你的节目，你会有什么样的感觉？能否吸引他们一直收听你的节目，决定了你工作的成败。

—— 电话会议 ——

仅仅能和一个人在电话里很好地沟通是不够的。现在，你需要同时跟你看不见的一群人进行良好的沟通。召开电话会议的时候，与会者往往会接通电话并让手机保持静音，一边心不在焉地听，一边处理电子邮件或做其他事情。每个人都能听见讲话的人所说的内容，但是没有人负责回应。在这样的情况下，听讲的人所付出的精力和参与的热情水平非常低，以至于想做成任何事情都很困难——最后，会议也就无休止地延长，耗尽人们的热情，也耗费了大量的时间。想象一下，如果你能让电话会议变得清晰、有趣且简短，每个人都希望参加会议，这会给你赢得多么好的名声。

为了成功地召开电话会议，需要有人主持会议，否则它将变成聊天式的会话，浪费每个人的时间。如果是你召集的会议，那么你要对会议负责。要积极地推进会议，通过媒介展现你的风度，并且排除那些让与会者静音的可能影响。如果你能准备一份议程安排，提前分发给与会的人员就再好不过了，这样他们就会知道会议是怎么安排的。但是，我们知道，实际上，会议的议程安排都是非常紧凑的，人们没有时间提前看下一个议题是什么。因此，我们组织会议时要：

设定会议框架。你正在做什么呢？这是一个要得到新想法的创造性会议呢，还是为了调查事实？你是要征求不同意见、解决问题、作出决策、广开言路、澄清事实、消除误会、团结大家、追求真理还是制订战略呢？明确你想要的结果，明确在会议结束时你想达到的目的。

制订路线图。“我们的会议需要一小时的时间。我先利用15分钟的时间陈述我的发现，然后每个人有5分钟的时间发表自己的看法。最后15分钟共同讨论并作出最后决定。”

分配角色。召开电话会议时，人们倾向于消极地听讲。因此，要点他们的名字，分配给他们具体的工作。“下面，我们听听巴希尔的结论，古林，希望你做好准备，巴希尔讲完之后就轮到你发表意见了。安妮·玛丽，请谈谈研发的相关情况。最后，我们请英格玛为我们作总结。”

当心停播寂静时。这是广播上描述最可怕情形的术语——无意之中，什么也不说导致的沉默时刻。在一次电话会议中会多次出现这样的情形，大多是因为每个人都把自己的电话调为静音了。某人可能会提出一个问题或作出爆炸性的申明，而不是作出积极的回应，就像你面前有一屋子的人，但个个神情麻木，默不做声。

这样死气沉沉的时刻会破坏人们的积极性和融洽的氛围。如果你刚刚谈及一个新的想法，听众长时间没有任何反应，你就会觉得每个人都把自己当傻瓜了。结果会怎么样呢？你会暗暗发誓再也不冒这样的风险了。

为什么这种情形的危害如此之大？

人类本能地依赖从其他人那里获得的认可——鼓励性的暗示表明听者已经理解了说话人讲的要点并且想听到更多内容。当你与一些人面对面沟通时，你可以通过他们微妙的头部动作、身体语言、面部表情以及眼神得到这些暗示。这会形成一个反馈闭路，能让说话的人去追寻听者的经历。但在电话中，你能给予或接收的唯一鼓励暗示都是口头的："嗯……""对……""好……"如果对方不发出声音，你连这小小的暗示都得不到。因为我们的大脑倾向于作出最负面的解释，所以我们会认为沉默是沮丧和不满的表现。

制订开会规则。在与每个人进行对话的过程中，要求大家不得保持静音并且要积极参与。提许多问题，并且坚持得到大家的回应。暂停一下，邀请大家发表意见："那个听起来怎么样？""露西亚，对于这个建议你有什么看法？""我先暂停一下，看看大家有什么意见？"

在会议中进行互动。如果你讲了太长时间而没有停顿下来看看大家的反应，那么你正冒着听者已经与你脱节的风险。他们可能正浮想联翩，可能对你说的话失去了兴趣，或者他们没有进入对话情境，已经悄悄地离开了，你必须把他们拉回来，就像黑暗中你正在跟某个人跳舞一样——你必须发现他们究竟在哪里，和他们再次联系起来。

如果你要在电话会议中讲话，那么运用高效沟通的所有通用原则——但是运用时要进行压缩。建一个坡道——但是这里需要在三句话之内完成，而不是花3分钟的时间。当谈到发现要点时，花4分钟而不是15分钟。记住，要保持简短!

神奇的18分钟。讲话不要超过18分钟。研究显示，成年人听演讲的时间超过18分钟，注意力就会明显下降。在18分钟之后，要转变，讲个故事、放个视频、进行讨论、休息一下、让其他人讲话或与大家进行开诚布公的交流。

如果你负责协调促进会议的工作，那么要让大家在会议上畅所欲言，提出更多的想法。将对话视作你手持的一个球——把球扔出去，这样每个人都有持球和扔球的机会。要让大家积极传球。

将重大问题列一张清单。这会激发思考和讨论。有两种问题：要点性问题，涵盖了讨论的主题，以及双击性问题，涉及更深入的内容。要点性问题如："让我们看看它会对我们的财务造成什么影响。""这会对我们的创新造成什么影响。"双击性问题会令你进一步讨论某个主题。比如，"说得再详细一点。""这跟我们之前说的有什么相关性？""是什么导致你那样说？""我们怎么知道这是真的？""这对我们意味着什么？"你的面前已经有了每个人的名单，这样你可以向具体的与会人员提问并且考察一下是否每个人的注意力都在会议上。

作为一名主持人，你可以指定由谁来回答问题。人们通常都想有所贡献，但是他们可能会觉得自己的想法会不受欢迎。一个好的主持人会要求他们发表自己的意见并表现出对他们意见的真正兴趣。就像在广播脱口秀节目中，主持人为了听众的利益而采访一位嘉宾一样，你也可以为了其他与会人员的利益而进行提问。

提问的时候，要先点某个人的名字，在你说出他要回答的问题之前先给点评论，这能让他在宝贵的几秒时间内重新集中注意力并准备回答问题。例如，你可以说："弗里兹，这是你的强项，你已经积累了丰富的经验，你是怎么想的？"避免突兀地说："你怎么想的，弗里兹？"将名字放到提问的最后。这种情况下，弗里兹会来不及准备，说话磕磕巴巴。职业足球运动员会把球传到队友的脚下，尽可能让队友接到球。你也要这样做——当你提问的时候，对着他的脚传球，要尽可能地给队友创造方便。

有时候，会有人滔滔不绝，毫不顾忌他人的感受。你知道这个人——一旦他开始讲话，基本上就不可能停下来，其他人一句话都插不上。理想的状态下，这个问题应当在管理层面得到处理——这个人的上级需要与他进行一次勇敢的对话。

如果没有这么做，参考下列建议：终止他口若悬河讲话的最有效方式就是叫他的名字。可能还得多叫几次，每次都要提高声音，直到你引起他的注意并且中止他的讲话为止："弗兰克……弗兰克……弗兰克！"一旦他有了反应，你就需要向他提出一个问题了。你可以只说："我能问你个问题吗？"他会说："可以。"在那几秒的时间里，你可以想一个问题。提问的内容并不是最重要的，重要的是你提出的问题打断了弗兰克的讲话模式，让他重新开始了对群体的关注。这个问题也可以通过作为主持人的你对互动的控制得以解决。你也可以提出这样的问题，比如，"我们可以听听其他与会人员对这个问题的看法吗？"或者说："让我们听听团队其他成员的意见吧。"

一位老练的主持人会适时作出总结，并且找到参与者返回群体的模式。“我听到的有关这一主题的意见是……”“我注意到……”“我的感觉是……”会议需要被记录下来，理想的情况是由主持人之外的其他人进行记录，这样你会清楚会上发生了什么以及说了什么内容。

举例说明，假设我们正在偷听贾思敏主持的一次电话会议，她是负责转让技术的一个跨国团队的管理者。她的团队遍布全球，她必须把他们团结在一起。她现在面临的一大挑战就是团队成员不是很合作，互相交流也不是很充分。

以下是一种开会的方式：

“欢迎各位。我想跟大家谈一些对我们每个人来说都非常重要的事情。”她连着说了25分钟，从为什么团队合作很重要、为什么一个人孤立地工作不好，到怎样才能平衡他们的才能或市场地位。在她的长篇大论结束时，她问大家有什么问题。接着，出现了19秒的沉寂，没有人出声。贾思敏说：“好，如果没有问题的话，我们讨论下一个问题，财务问题。比伊特？”仍然没有人出声……“比伊特……你在吗……”最后，随着咔嚓声，响起了比伊特的声音，听起来有些心慌：“非常抱歉，我的机子静音了。”（很明显，她没有注意听你讲话。）“您能再重复一遍问题吗？”这样的情形听着熟悉吗？

对于贾思敏来说，下面这个是一种更有利的开会模式。“在未来的六个月内，你们当中的每一位都有机会为我们夺回市场贡献一份力量，但是要夺回市场，作为一个团队，我们需要分享最出色的想法。在今天的会议中，我已经要求每位参会人员准备好提出要求、作出推荐。在哪些方面你需要得到他人的帮助，在哪些方面你可以提供帮助。每个人都要发言，一个区域一个区域地来，从杰克开始。在最后的15分钟内，我们要综合考虑大家的想法并制订出一项计划。你们觉得这样安排怎么样？”

她得到了大家的一致同意。并没有什么别致的形式，人们只是说“好”“行”“可以”，她就可以往下进行了。

贾思敏也可以在会议中增加与参会人员的直接接触，但是她得知道如何利用才行……

—— 视频会议 ——

利用视频是与人们建立联系的一种强大方式，特别是在全球环境下，随着公司越来越关注员工在各地飞来飞去所造成的碳成本，视频技术已经成为工作场所的标准装备了。现在，不仅仅是电影明星们需要运用摄像机展现他们的风采，在全球化的团队工作中，运用这种媒介的能力对每个人而言都是必要的。

当你需要传递更为个性化的信息时，运用视频是很好的选择——比如，道歉、鼓励、祝贺或表达你的关切。视频为你提供了一种强大的附加工具，就是你的眼睛。你的眼睛透露的信息比你所知道的还要多。制作一个视频，说：“我很在乎你是否能伸出双手，并且看到我的脸。”别人会觉得你表述很清楚。如果你的意图明确，它会从你的眼神中流露出来。”

视频摄像机了不起的地方是它能为你做大多数的工作。只要你的感情从眼神中流露出来，余下的工作摄像机会为你完成。

将听众放到镜头里。因为你正对着摄像机的玻璃镜头讲话，所以你会遇到一副“平淡”的表情。此时，你面对真实的人讲话时脸上自然展现出来的热情和动作没有了。为了弥补这方面的不足，可以想象在镜头的另一面有个人，想象自己是对着那个人讲话就可以了。在心里选择一个具体的人，把他放在镜头里——他是希望听你讲话的某个人，可能是真正与会的某个人，也可能是你的家人。要选择能激起你热情的一个人。

做自己的导演。利用照明设施，使自己看起来达到最佳状态。头顶上的灯会让你的脸上出现阴影，让你看起来很恐怖，这对你的形象来说可不是好事。从你背后照射过来的灯光会产生光环效应。而房间太暗会让人们难以看到你。固定一盏鹅颈形的台灯，并调整它的角度，这样视频画面里的灯光会变得柔和而清晰。

调整摄像机的高度。如果你要用电脑发送视频，注意摄像头比你低，这个角度拍出的画面让人看着不舒服。如果可能的话，在摄像机的下方垫几本书，使拍摄的角度达到最佳。试着调整摄像机的高度，与你的眼睛高度持平，这样会让你产生一种与人直接对话的感觉，而不是盛气凌人地讲话，让镜头仰视你的鼻孔。

注意你的外表。白色会反射太多的光，单一的鲜亮的色彩是最好的。避免外表使人眼花缭乱——在摄像机的镜头里，这样会产生之字形的“云纹”。如果你有一头长发，将它们放在后面以使他人能看清你的脸。将耀眼的珠宝首饰和长长的、晃来晃去的耳环摘下来。这些东西会反光，而且会分散听众的注意力。

避免动作过多。你现正在拍特写镜头，任何动作都会被放大。用手、脸以及身体做“柔缓动作”，不要有猛烈的、突然的举动。在镜头前抚弄头发、挠耳朵、摸鼻子等习惯性动作会有失你的身份，而且会让人看起来神情焦急。静止不动会给人一种威严的感觉。

说话的时候眼睛盯着镜头。这是使用摄像机最重要的一件事情，特别是当你在笔记本电脑前发表讲话时。由于多数笔记本电脑上摄像头的位置比较靠上，如果你看着屏幕讲话，听众会看不到你的眼睛。在视频会议上讲话时，看着镜头，然后再往下看看屏幕，观察一下讲话人的脸。刚开始可能觉得这有些奇怪，但这样做会创造极大的亲密感。

接下来，我们谈谈当代人喜欢用的一种讲话辅助工具……

—— 幻灯片 ——

大家都知道在漆黑的屋子里用幻灯片发表无休止的演讲会让人思维麻木，这很讽刺，不是吗？许多公司都规定他们的团队成员需要更多的“会面时间”。他们让团队成员集中到一个城市，安排他们入住酒店，开销很大。然后，大家都聚集在一间屋子里，在那里他们做的第一件事情就是关灯，这样彼此看不见对方的脸。一个巨大的幕布展开，讲话者在讲台的一边找好位置，通常情况下，一部分身体被讲桌挡在了后面。随着演讲的开始，会发生什么事情呢？很多时候，讲话的人开始背对听众读他的幻灯片。所有受过高中教育的人看幻灯片的速度都快于讲话者读的速度，因此一系列幻灯片的演示会让听众厌烦到绝望地用咖啡因或者糖块来保持清醒。

现在，我们想知道为什么人们在会议上会有疏远的感觉并且无法专心开会。

这是人类的联系吗？这是高质量的“会面时间”吗？确实不是。

如果你可以选择的话，与听众建立联系最有力的方式就是用面部和身体表达来面对他们——灯是亮着的。但是演讲中用幻灯片演示已经被广泛认可，以下的这些技巧将会帮助你成功地运用它们：

从听众的角度来看，你要站在屏幕的左侧。由于他们在阅读时，习惯于从左到右，无论如何，在左侧的视觉都会突出一些。记住，你才是演讲中最重要的部分，而不是幻灯片。

使用幻灯片的时候，要先进行叙述，然后再打开与你的叙述相匹配的幻灯片。幻灯片应当支持你的叙述。而不是与之相反的顺序。

你需要为一张幻灯片建立一个坡道，在演示幻灯片之前就激起听众的好奇心。你可以采用下列方式做到这一点：

❶ 提一个修辞性疑问。“那么，从不同区域来看，会是什么样子呢？”（提示了有关地图的幻灯片）

❷ 做与前面内容有联系的介绍。“因此，我们已经谈到了过去的情况，也考察了现在的情况，现在让我们展望一下未来。”（提示了有关未来的幻灯片）

❸ 介绍背景。“你们很多人都想知道新大楼的结构，都想知道它是否适合校园的风格和历史。那好，你们不必再着急了，下面我马上就会为你展示。”（提示了有关大楼的幻灯片）

幻灯片不是乏味的。不要把大量的文本内容放到幻灯片上。运用幻灯片展示一些有趣的图片、表格、饼状图或论证你所说内容的要点。尽量让幻灯片简洁一些。最强大的幻灯片是白色底图、上面只有一张图片、一个图形、一个词或短语的幻灯片。不要对着你的听众大声宣读幻灯片上的内容——他们读得比你说得还要快。相反，要将幻灯片当作你思想的跳板。文本只是提供一个框架、一个蓝图，你需要讲出细节的内容。一条重要的原则就是，每一张幻灯片都是你叙述中的一个链接——都是你所讲故事的视觉插图。

引导听众的注意力。直接面对听众讲话，在适当的时候将听众的注意力引导到屏幕上去（运用双手张开的姿势），听众会朝你指向的地方看。告诉他们看哪里，特别是出现复杂幻灯片的时候。例如，如果幻灯片上展示了四个季度的财务报表，你可以说："注意从第二季度到第三季度发生了什么变化。"如果你想让听众看到并且思考某些内容，那么停顿片刻。不要让幻灯片劫持了你的演讲，你仍然是交流的核心。要把握全场，你必须在幻灯片之间重新抓住听众的注意力。演示结束时，按键盘上的B键，并且打开灯。面对面地说出你的甜点内容，用你的眼睛与在场的人再次建立联系。

所有这些新技术都有扩展作用，能让你向大量的人远距离传递信息，这在以往是做不到的。但是记住一点：你的信息一次仍然只能连接一个人。

尚　恩

KGO电台正是人们所称的"火焰发射站"。五万瓦的电力意味着在晚上，当干扰很少时，信号会从加拿大传送到墨西哥。

那意味着有些时候，听我节目的各地人加起来会达到100万。

但是，我接受的训练是非常明确具体的，就是通过一次只对一个人讲话培养亲密感，特别是在晚上，每个人都独自守着收音机。这就是你对待听众需要运用的方式，是你创造联系的方式。

注 释：

① 市场调查公司拉迪卡蒂集团（Radicati Group）估计，全世界每天人们发送的电子邮件数量约为2100亿封（2008年），每天发送的信息为1830亿条，意味着每分钟人们就会发出200多万条信息，其中大约70%～72%的是垃圾邮件和病毒，人们真正发出的邮件大约为130亿封。《铺天盖地的邮件》，《迈阿密先驱报》，2008年9月8日。

② 《公司阅读员工电子邮件》，路透社报道，2006年6月2日。

第五篇
人脉维护

个人愿景 · 人脉管理 · 合作与创新

Part 5

要忠于自己。

——《哈姆雷特》第一幕，第三场

发现真实的自我是一个终生伴随的过程——因为你总是在不断变化。除非你知道自己愿意为什么而奋斗，否则，你很难知道自己想要说什么。你可能不想改变世界，你也不想(为自己)拉大旗作掩护，但是你必须知道自己对哪些事情充满热情。你可能想完善你孩子的学校，或创建一个大型邻里社区，或开一家新图书馆。在你的声音发挥作用的时刻，你坚定的信念将来自于那些能推动你前进的事物——以及让你想大声讲出来的事物。

第五篇将向你介绍实现这一目标的策略，它由三部分组成，第一步是创建个人愿景，接下来你将研究自己公司中的重要人物（或个人生活中的重要人物）；第二步制造出一个关系仪表盘，将这些人铭记于心；第三步，学习与他人协作及创新的技能。

你是创造自己生活的艺术家，通过一次又一次的对话，你在一天又一天地精心打磨自己的现实生活。当你知道自己支持什么时，就知道你想要创造什么了。此时，你会发现自己想要表达的内容，并且真正将其表达出来。

第十三章 个人愿景

所有事情都经历两次创造。第一次是精神创造，第二次是物质创造。

——史蒂芬·柯维[①]

出色的领导人会创建共同的愿景。伟大的演讲都受到了将愿景变成现实这个需要的推动。在讲话之前，在放映幻灯片之前，你需要具备发现灵感之源的能力。从你个人的生活开始创建一种愿景。

我们多数人的生活都受周围事物的影响。在人、事的要求下我们被推上了人生之路，从一个紧急状态奔向另一个紧急状态。我们不断地奔波忙碌，对别人的要求作出回应。如果有人给你列出一张任务清单，你来不及多想就开始按照清单所列的事项忙碌起来，有过这种经历的人会明白上面所描述的那种感觉。在一天结束时——即使是成功的一天结束时，你看着清单上列出的大多数事项都容易感到空虚。

想象一下，现在到了你生命终结的时候——带着同样空虚的感觉回首过去。我们往往会被行动陷阱所迷惑，往往沉迷于一种错误的思维，即保持忙碌会让我们的生活变得有意义。

但是，成功和成就感有很大的不同。制度会驱使你不惜任何代价获得成功，但是，工作很好却没有成就感是完全可能的。“太棒了。”这可能是你最终的想法。“既然我已经成功了，为什么我还感到如此空虚呢？”罗马哲学家塞内加这样劝导年轻人：“对于一只盲目航行的船来说，所有方向的风都是逆风。”②

确保从自己的生活中得到满足是你的职责，为了达成此目标，关键是要阐明你的价值准则。我们想请你从一连串的繁忙活动中抽身片刻，看一看对你而言什么才是最重要的。如果沟通是我们创造改变的途径，而且沟通体现了我们最深切的愿望和梦想，那么，明确这些愿望和梦想是很重要的。如果你以后要创办一家新公司，首要的事情是问问自己公司的愿景是什么，你们的目标是什么？如何才能实现目标？你希望客户怎么评价你们？你想要什么样的声誉？在没有明确这些问题之前，不要考虑着手开始商业冒险。如果这样做对于启动企业有益的话，那么，对于你的人生，这样做也是有益的。

你的人生愿景是什么？你的目的地在哪里？更重要的问题是，为什么你设定这样的愿景？对你真正想要的东西没有强烈的目的感且不清楚你为什么想要这些东西，那么，你的沟通就仅仅是你过日子的另一种工具。为什么要花时间创建你的个人愿景呢？因为如果你自己没有个人愿景，别人就一定会为你提供一种愿景。你会为了别人的需要和将要由别人决定的事情而疲于奔命——但那都不是你自己的。因此，要控制自己。此时，我们可以运用的工具就是愿景清单。

愿景陈述不是一张目标或要做的事情的清单，它不是要赚多少钱、拥有什么样的房子，或做什么工作，[3]而是有关你赖以生存的性格特征的陈述。这个过程往往被视为是理所当然的，因为我们从家庭、社区或教堂那里得到了一张“好性格”的模糊清单。很少有人停下来并且有意识地明确一下他们想如何精心打磨自己的性格。但这在沟通中是很重要的，因为通常情况下，你说话的方式比你说的内容更重要，而你说话的方式取决于你的性格。一旦做出了个人愿景陈述，它就变成指导你前进并作出决策的北极星了。

下面的练习旨在帮助你明确自己的个人愿景。它是根据经验而设计的。为了完成练习，你需要找一个安静的空间，保证不受打扰，还需要纸和一支好钢笔。如果你喜欢的话，也可以在电脑上完成，但是新的大脑研究告诉我们，用纸和笔书写时，个人的发现过程会达到更深的层次。我们要求你在练习中写字的时候用无意识来书写，不停地写，笔尖不要离开纸，对你写的内容不作任何评价。尽可能多地捕获你大脑中的信息。写完之后你可以返回去修正润色一下书写的内容，但是在写的过程中不要这样做。不要受约束，让思想自由翱翔，就像河里的水一样自由流淌。

本书附录的网上音频资料（见www.standand delivergroup.com）将会帮助你完成这一练习过程，并且可以激发你的想象力和潜意识力量。可能的话，现在就打开下载的资料，完成这一练习。

—— 走进你的未来：想象他人对自己最好的评价 ——

在音频资料中，你会听到这样的话：走进你的未来。根据你现在的年龄，想象自己10年、20年或30年之后打算退休时的样子。此刻，你正在回顾自己的人生，发现自己的生活和职业生涯不仅很成功，而且内心也感到很满足。

你已经完成了最初设定的许多目标，但更重要的是，你心里有很强烈的满足感，因为你度过的人生符合你的性格、价值观，你度过了理想的人生。想象你坐在摇椅上回顾一生的贡献，你对自己的家人、同事和社区产生了实实在在的影响。

现在，你的职业生涯即将结束，你对周围的人产生了如此惊人的影响，所以他们要为你的退休举办一次告别晚宴。想象一下你走进美丽的餐厅，那里摆满了用白色桌布覆盖的桌子，并且准备了三道菜时，你看到了与你一起度过了30年或者40年做各种工作的人，你会是什么感觉？朋友、同事、老板、你直接领导的下属——这些人全在这里了，他们穿着最好的衣服，面带微笑，向你挥手致意。

随着沙拉被端上来，晚宴开始了。屋子中间某个人站了起来并且传来了碰杯的声音。你抬头看见了那个你一直仰慕和尊敬的人，他可能是你前任或现任老板、你的父亲或一位导师。他或她说："你以这样或那样的方式影响了在座的所有人，我想敬你一杯酒，对你说几句话。"现在，写出你想听到的祝酒词，这些话应当证明你过的生活是自己想要的生活。记住，不要太死板，这不是指你认为他们会说什么，而是你想让他们说什么。对自己慷慨一些，给自己做梦的权利。（每一节结束后，如果你需要，我们将总结出一些激发想象力的提示。将它们视为暗示性的指导，或者忽略它们，一切由你决定。）

从你身上他看到了哪些行为？什么时候你有勇气，而其他人退却了？你想出了什么新倡议，提出了什么新想法？当别人默不作声时，你是如何挺身而出表明自己立场的？你在哪些地方有所创新？那个人对于你在过渡时期作出的自我调整有怎样的评价？你是如何制订新标准的？别让你的笔停下来，尽情地把你的想法写出来。有什么东西会让你感到惊讶吗？深吸一口气，进入思索状态，就好像你确实在现场一样。他从自己身上发现什么了吗？你是如何帮助他的？你在哪些不同的方面成了典范？

台词提示 “我记得最多的是……当陷入困境时，我们总是能依靠你……即使有时候我看到你也身陷困境，但你总是能证明……当我考虑你是如何影响这里的人时，我印象最深刻的是……你与众不同的一点是……”

待在现场，当第一个人的祝酒词结束后，周围响起了巨大的欢呼声。现在，主菜被端上来了。另一个人站了起来并举起酒杯。这是你的一位朋友、同事、合作伙伴或你的配偶：一个和你风雨同舟并肩作战多年并且非常了解你的人。写下会让你露出灿烂笑容的祝酒词。

台词提示 “我也想说有关你以及你如何帮助我的事情……

当我需要帮助的时候，……你做的总是能给我惊喜的是……我记得最深的一件事情是……从你身上我学到了……你总是……有许多次，你用……改变了我的生活……我将永远不会忘记那次你……我看到了你的努力奋斗，你是如何以身作则的。给我印象最深刻的是……

现在该上甜点了，客人们正在喝白兰地和咖啡，晚宴接近尾声了，突然有人冲到了餐厅的中间，你抬头看了看。这个人是此刻你盼望看到的人，但是由于他或她住得太远了，你本以为他或她不会来了。你抬头看着站在你面前的这个人——可能是你的儿子、女儿、侄子或侄女，是尊敬你的晚辈。一位侍者递给他或她一杯酒，他或她举起了酒杯，说：

“妈妈（或爸爸），我知道我说过自己不能来，但是我不能错过这样的机会。在晚宴结束之前，我想讲几句话，讲讲在我的生活中你对我产生的影响。”写下祝酒词，写下那些你听到之后会认为所做的一切都是值得的话。

台词提示 “无论我走到哪里，我都不会忘记……在我成长的过程中，我记忆最深的是……你教会了我许多事情，但是通过对你的观察我学到的最重要的一件事情是……我们曾经历过困难时期，但是为了让我们在一起，你做了……你总是不停地带给我惊喜，特别是当你……从你身上学到的一切，我会教给我的孩子……”

—— 陈述愿景：为理想评价规划自己的行为 ——

祝贺你，你已经进入你想象中的未来世界了。做练习时你唤起的图像、感觉和对话给你提供了一幅生动的画面，而这对你都是很重要的，这是有用的信息。看起来你好像只是在写祝酒词，实际上你做的是捕捉对你个人生活满足感而言至关重要的价值准则。无论你写的祝酒词是什么，都反映出你对未来的最高愿望。注意：这些价值准则基本上与大房子、新船或者实现销售目标无关。

性格特质是一直存在的：那些祝酒词反映了你的愿望。为了实现愿望，你已经做了需要做的所有事情，现在就可以开始了。这种方式不需要准备，也不用购买什么特殊的装备。下一步要做的就是将这些信息提炼为一种更可用的形式。

首先，回头看看祝酒词，并圈出那些看起来像价值准则的所有话语。如果有人说："你一直是我能够寻求帮助的人。"这意味着你珍视忠诚。如果有人说："你愿意创造性地思考。"这意味着你重视创新。注意哪些主题和模式多次出现，快速写下来。这些就是你的价值准则。

现在你可以开始写你的个人愿景陈述了。这是一个小段落或清单，为了将你的个人价值准则公之于众，简要写出你想要度过的人生。可以用这样的句子开头，如"我致力于……"和"我将寻求……"，界定你生命中的角色，并且为每个角色创建一个理想的愿景。“作为一名父亲，我将要……”“作为丈夫，我将要……”“作为老板，我将……”你支持什么？你相信什么？你的驱动力是什么？什么会让你产生满足感？什么让你产生一种使命感？

为了启发你，以下有两个经典的例子。第一个是圣雄甘地的《决心》：

我不会畏惧这世上的任何人，

我只畏惧上帝。

我不会对任何人心怀恶意。

我不会屈服于来自任何人的不公正。

我会用真理战胜谬误。

在抵制谬误的过程中，我会忍受所有的痛苦。[④]

另一个是本杰明·富兰克林的：

1．节欲。除非为了健康或后代的需要，切勿纵欲。绝不使身体虚弱，精神贫乏。不可损坏自己或他人的声誉或安宁。

2．清洁。身体、衣服和住所力求清洁。

3. 俭朴。花钱必须于人于己有益；换言之，切忌浪费。

4．勤勉。不浪费时间，只做那些有用的事情，取消一切不必要的行动。

5. 公正。不做害人的事情，不要忘记履行对人有益而且又是你应尽的义务。

6. 中庸。避免极端，容忍令人愤慨的伤害与中伤，尽量说服自己那是理所当然的。

7. 秩序。物归其所，事定期限。

8. 决心。做你应该做的事情；决心要做的事应坚持不懈。

9. 少言。说话必须对别人或你自己有益；避免闲聊。

10. 诚恳。不欺骗人；思想纯洁公正；说话也要如此。

11. 节制。食不可过饱，饮不得过量。

12. 镇静。不要因为小事或普通的、不可避免的事故来扰乱自己。⑤

下面是一些来自于普通人的例子。米歇尔是一家工厂的经理：

我将始终尽力使员工展现出最出色的一面。作为一名管理者，我将在工作中展现出慷慨、和蔼、和富有远见的品质。我将挑战目前存在的一些固有思想，并努力融入团队。我会为集体竭尽全力。我会坚守我的承诺和责任。我将倾听人们的质疑，并寻求原谅。我会坚守目标，无怨无悔，我将超前思维，不断地寻找新思想。我将为公司尽心尽力，但是我会首先照顾好我的员工。我将视自己的团队为我家庭的延伸。我将以身作则，率先垂范，己所不欲，勿施于人。我将更进一步，为他人的生活创造公正和价值。当我与人沟通时，我将会斟酌用词，这样，当我离开时，听我讲话的人会比之前感觉更好。

你的愿景陈述也可以是十分简短的。艾克是一位顾问，他的愿景陈述是：

我会带给所有与我打交道的人乐趣、快乐、轻松和幽默。我会提醒自己以及我身边的人们，快乐是一种选择。我将致力于做一个好心的人。我将总是看到事物较好的一面。

—— 运用：用美好的愿景激励自己实践规划 ——

现在你已经写出个人愿景陈述了，你可以用它做什么呢？

愿景陈述就是你的指南针，它会一直帮助你确定自己是否处在正确的方向上，为了纠正方向，你需要一些衡量你在哪个方位的工具。首先看看你将自己最宝贵的、不可再生的资源——时间，都用到了哪些地方。

从写出你在生活中扮演的五到七个角色开始，例如，员工、老板、丈夫、父亲、教会成员、兄弟、儿子。现在，假设你要将一百分分配给这些角色。快速地估计并且写下分值——你此刻在每种角色上花费的资源。（提示：如果总得分超过了100，那也是挺有意思的现象，这表明你还不能实事求是地平衡你的工作和生活，你过度劳累了。）现在重读你的愿景陈述，看看你的分数分配与你发现的对自己而言重要的价值准则一致吗？（如果总得分超过了100，你需要如何平衡你的时间才能使自己不会如此过多地承担呢？）如果你确实想有所行动，那么，想象一下10年后的自己，然后是15年……20年后的未来。如果没有什么变化，并且你一直像现在这样分配时间，退休告别宴会上人们的祝酒词会是什么呢？它们是你希望听到的那些话吗？

对于做这项练习的大多数人来说，结果是惊人的，并且通常是令人痛心的。绝大多数人的结果都不理想。在对他们个人价值准则以及想要的生活方式最重要的角色和关系方面，他们花费的时间和精力往往是最少的。

因此，这里有一个很重要的问题：如果你现在的生活方式符合你的个人价值准则和愿景陈述，那么你需要如何分配时间和精力？写下那些角色，并且写下理想的生活中你需要的分数分配。现在为每个角色挑选出三个关键的人，为了实现你设定的人生目标需要与他们成功地建立联系。我们在下一章将会探讨与这些人成功进行沟通的策略。

为什么这样做很重要？因为你将一大堆的价值准则束之高阁是没有什么用处的，你需要让你的价值准则在实践中发挥作用，运用它们指导你的沟通。为了帮助你做到这一点，我们已经创建了关系仪表盘，详见下一章内容。

注 释：

① 史蒂芬·柯维：《高效能人士的7个习惯》，西蒙&舒斯特图书出版社，纽约，1989年。

② 塞内卡：《道德书简》。

③ 有关个人愿景的许多内容都来自史蒂芬·柯维的作品。

④ 圣雄甘地：《圣雄甘地作品全集》，印度政府信息&广播部，出版分部，新德里，1994年。

⑤ 本杰明·富兰克林：《本杰明·富兰克林自传》，数字阅读出版公司，堪萨斯州，斯蒂威尔，2005年。

第十四章 人脉管理

亲近你的朋友，但更要亲近你的敌人。

——迈克尔·科利昂《教父Ⅱ》

—— 人际关系：人脉是重要的财富 ——

无论你做什么事，都离不开人脉圈。在任何组织中（包括一个家庭），你的成功都是每天与他人一系列互动的总和——包括面对面的、电话、电子邮件、信件、传真或文本的方式。要颇具策略性地管理这些关系，你需要一个能将所有人都纳入你视野的工具。大多数人都是本能地管理这些关系的，当我们看到一封电子邮件、听到电话留言或是问题出现的时候，我们才会作出反应。你可能会说我们都有一种紧迫性嗜好——当闪光信号灯将我们的注意力吸引到紧急事情上时，我们才开始关心自己的关系。

在人生的每个阶段，都有一些对你而言非常关键的人，你必须成功地处理与他们的关系。你不能忽视那些关系，否则，将付出巨大的代价。无论是在工作中还是在生活中，只有与他人通力合作才能实现自己的目标。你有必要了解每一种关键的关系会产生什么样的结果，并且为实现这些结果制订一份计划。这也包括管理你和敌人之间，以及你和盟友之间的关系。

但是，我们大多数人都太忙了，需要互动的人也太多了，我们简直不堪重负。例如，如果在销售部门工作，你自然会大量地关注你的客户。但是，对你的直接下属呢？下一个项目中会对你有帮助的同事呢？觊觎你职位的人呢？在复杂的公司里，要进行多重沟通时，你怎样才能合理安排时间呢？如果没有一种跟进的方法，你可能会面临因忽略某种关键关系而带来的风险——并且从长期来看，这将产生一个让你付出巨大代价的盲点。

—— 有效管理：让自己的人脉发挥出最大能量 ——

如果现在面临一种高危情境或高风险项目，你需要仔细地规划，更要跳出任务之外，考虑一下需要进行哪些沟通。

你需要对人们所重视的体验进行管理。按照下列步骤进行：

1. 设定清晰的目标。
2. 明确他们的需求。
3. 确定人们需知道的内容、时间安排以及传递信息的媒介。

一辆好车上都配有一个仪表盘，通过它你可以知道什么时候油量低了，可以防止出现故障。与此类似，我们也制作了一个“关系仪表盘”，就像汽车上的仪表盘一样，运用它可以帮助你管理关系，防患于未然。有了它，你就不用再依赖记忆或紧急程度来处理你的个人关系了。

关系仪表盘提供了一种方式，让你将重要人士摆在首位，并且可以让这些重要人士一直处于你的视线范围之内。你可以将它视为一种战略关系的管理工具。你也可以制作一个总的关系仪表盘，包括所有的角色和关系，你也可以针对一个特定的项目或角色制作一个独立的关系仪表盘。你可以根据自己的需要，以自己喜欢的任何方式制作它。一张表格就可以很好地实现这一目标，你也可以使用我们提供的下载资料包里的那张表。

让我们以一个名叫埃米尔的小伙子为例，介绍一下制作关系仪表盘的整个过程。

埃米尔正在考察公司近来合并后的权力分布情况。他的老板马克给了他六个月的时间，让他证明对新成立的公司而言，他的团队是不可或缺的。埃米尔的直接下属有四个，其中三个所在的分公司在国外。他们都很紧张，不知道六个月内能否保住自己的饭碗。他们当中的一些人也许已经开始在别的地方找工作了。还有一个人叫亚历汉德罗，他是埃米尔的同事，一直以来都在觊觎埃米尔的职位。亚历汉德罗一直在向老板打小报告，试图破坏埃米尔和老板之间的关系。此时，埃米尔需要一个关系仪表盘来帮助他和他的团队安然无恙地度过这六个月。下面的这些步骤在下一页的表格里都有体现。

❶ 明确最终目的。这是关系仪表盘大的目标。对于埃米尔来说，就是要确保团队和公司在合并之后能被保留下来。

❷ 明确你需要施加影响的关键人物。要做到这一点，就要列出你扮演的主要角色，然后列出你需要与之交流的每个角色扮演者。作为员工，埃米尔需要与他的老板马克进行沟通；作为管理者，埃米尔需要与他的直接下属克

埃米尔的关系仪表盘

员工	需求	目标	沟通策略 一月份
马克（老板）	确定性、维持他在老板那里的声誉、部门可以赢利。	支持我们的业务，在过渡时期提供建议，并对我们未来三年的工作申请经费。	实现目前的计划、预算和目标。

管理者	需求	目标	沟通策略 一月份
克里斯蒂娜	安全保障、 降低风险、 联系、 清晰	重新致力于团队的任务，同意马上带领新的部门并且增加10%的业务量。	提供让她留在团队内的激励并且讨论策略。
哈菲兹	挑战、增长、地位	发现新市场并且制订下一年的策略。	召开会议开发市场。
劳伦特	同伴赞许、贡献、金钱	准备好一套营销材料，为团队创造出更大的可预见性。	倾听他的想法并且选择具体的方法，讨论奖金。
布鲁诺	创新、变革、 联系、贡献	放手他喜爱钻研的项目，并且同意将精力放到改进现有产品上。	讨论长期研究新产品线的可能性。

同事	需求	目标	沟通策略 一月份
亚历汉德罗	获胜、地位、 同伴赞许	同意与我直接沟通，而不是去找老板。	通过对话的方式突出亚历汉德罗对新产品线的贡献。

里斯蒂娜、哈菲兹、劳伦特和布鲁诺保持联系；作为同事，埃米尔需要关注那个想得到他职位的亚历汉德罗。

❸ 了解每个人的需求。埃米尔确定了老板的需求，包括：马克需要感觉到埃米尔这个部门是赢利的（确定性），并且作为老板得到应有的尊重和钦佩（地位）。埃米尔还要继续确定关系仪表盘上每个人的需求。例如，他的直接下属劳伦特，希望群体能够接受他、认可他的理念。在团队开会的时候，埃米尔可以给他提供这样的机会。布鲁诺是个处理IT业务的人，他虽然聪明却容易对工作产生厌烦之心。要保持他的积极性，需要让他有新鲜感。埃米尔会给他提供新的开发项目使布鲁诺保持对工作的兴趣。

❹ 明确你与每个人一起致力实现的目标。你与家里的某个人想实现的目标可能非常简单，如“我们的感情将再次紧密”。在商业中，可能是“我想重新赢得客户的信任”。于老板，可能是：“年底之前能升职”。埃米尔对自己老板的期望可能是“我们在产品开发方面所做的工作，能够赢得马克精神上和财务上的支持”。

❺ 在给定期限内计划一系列的互动活动。

计划应包括：

要传达的内容——他需要了解哪些内容呢？埃米尔的直接下属，克里斯蒂娜是一位单亲妈妈，她主要的需求是降低风险。埃米尔传递给她的信息应该要能给她最大的保证，让她不要分心。埃米尔决定让克里斯蒂与自己一起出席小组会议以提升她的形象并增加她的归属感。

传递信息的时间——频率和日期。既然克里斯蒂娜心里很不踏实，埃米尔决定每周与她沟通一次。另一方面，IT人布鲁诺不喜欢受约束，埃米尔就决定一个月只与他沟通一次即可。

沟通媒介——电子邮件、电话、面对面的沟通、演讲或是视频会议？埃米尔将马上与克里斯蒂娜当面会谈，给她最大化的个人接触。然后他将每周发出一系列电子邮件，最后召开全体会议。

你可能正在想：“我没有时间制订计划！”我想说的是：“你没有时间是因为没有制订计划。”你正在被时间牵着鼻子走。

你的关系仪表盘将帮助你从待办事项清单中解脱出来，并且让你在日益复杂的环境中，有意识地执行你的沟通策略。花时间考虑人们的需求是什么，以及如何满足他们的需求，时间、地点怎么安排，以什么形式满足他们的需求，小小的时间投入会给你带来巨大的回报。掌握这一技巧不仅能给你带来直接的效果，而且会让你与所有组织中最重要的部分——人，保持紧密联系。你的关系是很珍贵的，好好照顾它们吧！

第十五章 合作与创新

想象一下：你的上司要求你针对工作中存在的问题，制订新的具有创造性的解决方案。在过去的三个月里，你用心做了详尽的研究，最后向团队进行了45分钟的演示，阐述了你的想法。你尽可能地让自己的演讲清楚、有说服力。当你结束演讲时，你听到了这样的评价："演示不错……里面的很多提议……显然你很努力，一些想法很好……"

接着，你可能听到了这个词：

但是！

这两个我们经常在无意当中使用的字，要对今天世界上许多被扼杀的创意负责。我们通过语言创造思想，又以同样的方式扼杀它。"但是"这个词是对话的障碍，它是否定和抹杀他人刚才所说内容的一种方式。不过，请不要误解我的意思，我也认为批判性思维是一项好的技能。正如我们已经说过的那样，大脑会本能地寻找危险，会扫描哪里出了问题或哪里不正常。我们再次强调，这是大脑技能使用过度的问题。

“但是”这个词是阻滞别人思想的工具，当你使用这个词时你正在驳回他人的观点，并且准备提出你的观点。人们试图通过反驳他人的观点来赢得信誉。我们本能的反应就是消极反应，对新思想不是鼓励而是打击。在我们的创造过程中，我们都已经成为了专业的守门人，一旦新的思想出现，我们就会尽可能地扼杀它们。

在所谓的“头脑风暴”会上，我们通常会扼杀一个又一个的新思想，直到最后只剩下一种。然后我们休息一会儿，站在咖啡机周围时扼杀了最后一个。这一过程的代价无疑是巨大的，最终的结果是，再召开此类会议时，没有人愿意提出他们的想法，因为他们认为冒被羞辱的风险是不值得的。真正的创新也就停止了。有多少次你听到人们说：“我能扮演唱反调的角色吗？哪怕一分钟。”在这个世界上，唱反调的人多得足以制造出一个新的地狱了。相反，如果他们都变成创造力的拥护者，会是什么情况呢？

崇尚创造力并且激发他人的创造能力，是领导人应当具备的关键技能。过去我们往往认为创造力是艺术家的专属领地，但其实不是这样的。创造力就像一块肌肉，通过锻炼，它会变得更强壮。如果不使用，它就会萎缩。

如果你每天、每时每刻都需要不断地进行创新、改造以及对变化的环境及时作出反应，那么，你的竞争力将取决于能否提出新的想法。你不能扼杀团队中的创新精神，你需要的是一种能让你快速产生想法的方法。同时，它不能对他人造成伤害，而是要为你的会议增添更多的热情和能量。如何才能做到这一点呢？

—— 是的，而且：不否定，鼓励新思想 ——

就像世界上有扼杀新思想的模式一样，世界上也有创造新思想的模式。这些模式植根于我们所使用的语言当中。为了培养这项技能，我们把目光转向创造领域的专家：艺术家。

艺术家们懂得创造和批评不可能同时发生。在一段时间里，要接受和鼓励所有的想法。与“是的，但是”相对的说法是“是的，而且”，你了解了某个人的想法，不论它听起来是多么不可思议，你都要颂扬它，并在其基础上添加一些东西。

戏剧即兴表演家讲话时运用的核心的一点是“是的，而且……”这一模式——它是他们在没有剧本的情况下创造出整幕戏剧的秘诀。他们将这种方法简称为“接受所有提议”。世界闻名的设计和创新公司IDEO，运用相似的过程，即通过“快速成型”的方法成功为百事可乐、苹果、三星以及宝洁这样的大公司进行了设计。

在剧院里，专业的导演通常会用五周的时间进行排练。这个过程几乎都是一样的：首先，演员们在一起读剧本。通常情况下，导演会说：“好，让我们演一场。按你的感觉来，什么都可以尝试。”那么，演员出现在舞台上，他可能会试图直直地站在一把椅子上；可能会戴着一顶斗篷；可能会说话带着浓重的口音或走路一瘸一拐。所有这些在最后表演时都能用上吗？当然并非如此。但如果导演马上就说：“不行，停，这太荒谬了！”那么，演员马上就会回归到常见的行为当中。只有在导演的不断鼓励之下，演员才会不断地提出新想法，并且相信自己的创意确实能得到他人的认可和欢迎。然后，好的想法就会不断涌现。演员开始发挥自己的创造力，并提出绝妙的创意。出现这样结果的原因是：在安全的环境里，卓越的思想会涌现出来。

将创意冲动想象为一个小小的、害羞的动物，它小心地将头伸出了洞穴。如果遇到的是批评，那么，它马上就会缩回去。只有当它感受到了温暖和热情，它才会走出来。要学会激发他人的创造力！

—— 创新阶梯：以他人的想法为基础不断提高 ——

许多公司会运用“头脑风暴”法：即每个人在黄色的便签上写下自己的想法，然后把它们贴到一张板上。这种方法要胜于典型的“是的，但是……”方法。然而，这种方法有一个重大缺陷，那就是各种想法或意见是孤立的，没有互相促进，没有利用到真正的头脑风暴的优势。

以他人的想法为基础，你会提出更强大的想法。“是的，而且”这种方法可以做到这一点。这种语言结构会促使你的大脑接受所听到的想法，并且在此基础上加以完善和改进。

这种方法可能将你带入之前从未考虑过的领域。如果你是团队的领导人，正在努力制订解决问题的新方案，那么，你的作用是非常关键的。从提出一个有力度的问题开始。思维过程取决于我们提出了什么问题。出于本能，我们通常提出的问题是：“这种想法有什么问题吗？”如果我们把问题变成：“这种想法的不同凡响之处在哪里？”“我们怎么利用它想出更好的方法？”“还有没有其他的可能？”这样的问题会激发出创造力。作为领导人，你提出的问题将决定群体关注的焦点所在。

专家提示 要激发创造力，首先要提出好问题。

这里关键的一点是，在形成创意的过程中，让每个人都因自己能有所贡献而活跃起来。在这样的会议结束时，与会的所有人都有了全新的感觉，他们的思维更加灵动，创意力也随之而增强。

设定参与规则。向大家解释一下，在接下来的15分钟里，每个人只能说“是的，而且”，而不能说“是的，但是”。要接受所有的提议——将每一种想法都视为了不起的想法。试着对团队的人说：“我想听到一些愚蠢的想法！”听起来奇怪吗？如果你说“我只想听好主意”。那么接下来便是一阵沉默。要听愚蠢的想法会令其他人产生安全感，同时还不会妨碍他们提出好想法。鼓励参与的每个人都在他人思想的基础上，提出更好的想法。

让每个人都站起来做这项工作，自然的方式是站在一张挂图周围——当提出新的想法时，将它们记录在挂图上。研究显示，站着的时候，大脑反应会更灵敏，而且，站着时能量水平更高。运用你的面部、身体以及你的眼神进行鼓励，不时地说“是的”“太棒了”“我喜欢”“我们还能做些什么”。身为领导人，每个人都在注意你的一言一行。你只要一个鬼脸或转动一下眼球就可以扼杀一系列的创意，因为你的这些动作会让人感觉不自然、不舒服，事实确实如此。我们天生倾向于提出批评，而不是进行鼓励。

要想有所突破，你必须走出让自己舒适的区域。创造不是要让人感到舒服，而是在一种集中的、高度活跃的环境中，促进想象力达到最佳水平，并且产生一些新的想法。如果你想获得非同寻常的结果，那么你不能使用普通的方式。15分钟后停止，这个时候你就可以启动大脑的批评功能了。将所有荒唐的想法都排除掉，将留下来的想法整理分类，设法从中找到那颗出现的“钻石”。

总而言之，建造一架创新阶梯的过程如下：

❶ 在一张挂图上写出要解决的问题。如：“我们如何才能生产出更好的捕鼠器呢？”

❷ 指定一个人记录大家提出的意见。

❸ 让每个人都站起来。向大家解释一下，在接下来的15分钟里，你们将要在已有想法的基础上快速地提出尽可能多的想法，就像一架螺旋阶梯一样。每一个阶段必须这样开头：“是的，而且……”不能默不作声，不能有任何停滞、评论，不能说“是的，但是”。可以打断、插话，只要你积极热情就好。

❹ 营造活跃的气氛。用你的面部、身体和眼神对参与的人表示肯定。他们可能会提出一些吓人的想法，但作为领导人，你要让他们产生这样的感觉：自己提出的想法还不错。

❺ 15分钟结束后，对提出的建议进行评论、筛选和分类。剔除那些荒唐的建议，将最好的留下来。

❻此时，你已经实现了两大目标：

你得到了一个了不起的新想法。

你营造了一种人人乐于奉献的氛围。下次，他们会更有积极性！

—— 注意：多些鼓励就多些奇迹 ——

在不太正式的场合中，这个过程也会发生，比如在日常的对话中。注意你多久会听到或说一次“是的，但是……”你是多么频繁地妨碍别人提出建议？而别人又是多么频繁地妨碍了你呢？你可能还没有意识到这种情形发生的比率有多高。要弄清楚自己阻滞他人思想背后的原因。这很重要吗？

我们许多人倾向于阻滞别人的思想，因为新思想有可能是很可怕的，此时，降低风险就是一个很有力的驱动原因。在你停止说“是的，但是……”的时候，事情可能会发生惊人的变化。你需要控制好自己的情绪，保持思想开明，真正倾听他人的想法。你可能会发现，这样做不仅能提高你的思想质量，而且能够使你与他人的关系更加密切。尽量不要给他人造成负面影响，如果你能够暂时搁置自己的想法，你就能够容纳更多的改变。要保持开放的心态，这是身为领导人的责任。

尝试着对你的家人这么做。这个周末你们能一起做哪些以前从未做过的事情呢？孩子们会喜欢这个过程，尽管这不是他们的本能反应——每个人本能的反应都是否定其他人的想法。在讨论主要问题的时候运用这个过程，到上甜点时，你可能心里已经有了与家人共度美好时光的全新活动计划了。唯一的原则就是，你不能说“是的，但是……”，而要说“是的，而且……”。在你们提出25种疯狂的建议之后，回头看看这些想法并且筛选，最后剩下一到两个最佳的主意。

如果你能跟家人做到这一点，那么在工作中你也能对自己的团队做到这一点。立志营造一种氛围，使人们能这样说：“我喜欢在那个人的团队里工作。”

结语：提升个人风采

有些人的到来会点亮整个房间，而有些人，只有他们离去之后，房间才会明亮起来。

——安东尼·罗宾[①]

风度是与生俱来的，还是可以后天培养的？二十多年的职业生涯中，我们曾经培训过好几万人。我们的经历让我们确信，风度是每个人都具有的。风度就是力量，当一个人饱含激情地致力于正在说的话或做的事时，它就是饱满的、不妥协的力量。

婴儿也会展示自己的风度。观察一个正在学步的小宝宝，你会看到他处于最佳状态的表现。他身体里的每个细胞都集中于所做的事情，没有怀疑，没有恐惧，也不存在限制他的想法。在摔倒两到三次后，小孩不会说："嗯，我想自己还不能走路。"他还会继续尝试下去。他已经完全投入对目标的追求当中去了，而我们也聚精会神地关注着他。

最令人着迷的事情莫过于观察一个人是如何全身心投入到自己认为有价值的工作中去的——特别是当任务艰巨时。任务越艰巨，在完成任务的过程中一个人展现出来的风度就越迷人，给人的印象也就越深刻。

因此，如果我们像婴儿那样拥有天生的风度，那么，我们是怎么失去它的呢？你耗费的大量精力隐藏真正的自己，扼杀了你的风度。大多数人将人生的大部分时间都花到了变得好看和避免错误上了。因为害怕身处演讲的状态中，所以我们会穿上“铠甲”来保护自己。当你穿上了厚重的铠甲，试图让人们看不到真实的你时，你的自然活力也就被削弱了。隐藏自己需要花费大量的精力。这套铠甲是很沉重的。

培养风度是一个做减法而不是做加法的过程。你不需要增加任何东西，你必须做的是将遮盖在你身上的那些面纱去除。要展示出风度，你需要拉开遮挡你的帘子、卸掉身上的铠甲。在一大群人面前展示出脆弱是需要勇气的，但是真实的自己是领导风度喷发的源泉。让听众看到真正的你，而不要试图遮遮掩掩，或为自己辩护。

没有什么比心不在焉的尝试更扼杀人的风度了。如果你没有明确的承诺，或设定了一个微不足道的、自私自利的目标（“看起来不错”或“只要讲完就好”），那么你的风度也是微不足道的，因为你的意图就是微不足道的。风度=目的+精力。

已有的恐惧也可能扼杀你的风度。恐惧是每个人都会经历的情感，压制、掩饰恐惧只会浪费精力，不利于展示你的风度。你需要带着恐惧出场。一种方式就是运用比丘尼佩玛·丘卓教导的古代佛教冥想练习，它是施受法的一种形式。

练习施受法时，吸入一切你感觉到的东西，目的是将它吸入你的内心。接下来停止片刻，感觉到自己与世界上所有感受相同事物的人连接起来时，再呼气，让自己和正遭受苦难的所有人都得到解脱。施受法保留了我们躲避痛苦、寻求快乐的习惯。面对你的恐惧并把它吸入体内，然后再释放出去，你拥抱了恶魔——并且让他们最后消失。你的毒药变成了治病的良药。

我们已经讨论了可能降低风度的方式。

现在，我们谈谈怎样才能积极地培养风度：

❶ 改变自己的状态。培养风度的过程要从你踏入房间之前就开始。从身体准备开始，刻意关注自己的站立方式。挺胸收腹，揭开面纱保持好的站立姿势，就好像你能够扩大自己的瞳孔，并让风度从你的眼睛里流淌出来。

❷ 作出承诺：你要通过这次演讲或讲话给人们什么东西？你的心灵之眼要发现可能性。问自己能够创造能量、激情和动力的问题，对要实现的目标作一个饱含激情的承诺。

❸ 找到关联性。这个时候，你正在考虑为什么这对你很重要，为什么这是要做的正确的事情呢？明确那些能够强化你行动的基本信念，想象更为宏大的愿望，力量聚集于服务的人身上。联系到自己服务于一个更宏大的目标、更大的社区，你会发现自己风度的提高。正如乔治·伯纳德·肖所说的："这就是生命中真正的乐趣，致力于崇高的目标……我一直怀着这样的情愫：我的生命属于社会，只要我活着，我就有权决定如何生活。我愿春蚕到死丝方尽。（生命）更是手上所执的熊熊燃烧的火炬。把这火炬传递出去之前，我会让其绽放出最绚丽的光芒。"

因为想要听到我们的消息，其他人会花时间给我们打电话或亲自来找我们，这对我们而言是多大的荣幸！马赛族的人认为话如食物——因此，应该能为人们提供营养。

我们同意这种观点。

听众想听你说话。他们来这里就是要听你讲一些事情。他们正饥渴难耐，希望你能提供给他们之前不曾有过的东西。

我们如何才能说出滋养彼此的话呢？

一旦我们不再想“我用词合适吗”，而是想“我怎样才能为听众提供一种营养丰富的体验呢”的时候，你的语言和幻灯片就开始创造这样的体验了。不要想“别人会怎么评价我”，而要考虑“我怎样才能最好地满足他们的需要”。

无论你在公司中扮演什么角色，无论你是秘书还是CEO，你都必须服务他人。秘书对CEO负责，CEO要服务于董事会，而董事会要对所有的股东负责。我们都在为他人提供服务。

为其他人提供服务解决了你最大的问题——你的自我意识。摆脱了你的自我意识以及其他任何事情的干扰——你的手、眼睛、声音、内容、想法和演讲——所有的一切都会排列好，进入一个神奇的、良性螺旋中，它会送你进入到你之前不敢想象的最佳表演状态。

当你不再考虑别人会怎么评价你，而是关注你能给他们带来什么时，任何不真实、欺骗和巧言令色都会离你而去。

当你每天早晨醒来时，发现自己运用语言获得了这样一种神秘的力量，该是多么高兴的事啊。你可以将此奉送与人。任何时候，仅仅通过与人们讲话，你就可以给他们的生活带来改变。

你不能不沟通。你所说所做的任何事情都会发送一种信息。我们一直在影响他人，从未间断过。

我们多久才会停下来思考一次，我们对他人产生了什么样的影响呢？

我们很少停下来提出这样的问题："我让这个人感觉到提高、热情和启发了吗？还是我让他们疑惑不解、生气或备感沮丧？"在沟通的时候，你不必表现得像个圣人，你只需有这个意识就好。

开始提问："我召开这次会议的目的是什么？我想让他们体验到什么？"

变得在意自己对他人的影响不仅仅会提升对话的质量——还会改变你未来的人生道路。以这样的方式沟通会改变你的命运。从现在开始起计算，想象5年之后是什么样子，看看你所经历的成千上万次谈话有没有将你的人生带入一个新的方向。即使是小小的改变也会影响你周围的每个人。在未来的10年里，你会接触多少人啊，通过每一次对话又会影响、波及多少人？在15年之后，你会看到什么变化？整个职业生涯结束时你又会看到什么变化？一生之后呢？

当你不仅仅为自己，而是为了更多人的利益做事时，你的生活状态会发生很大的改变，随之而来的是宽宏大量的想法、精神和同情心的激增。在那个时候，你就能挖掘到我们人类独有的东西。你能够看到并且分享那些尚不可知、只能在想象中出现的东西。

"是什么"和"可能是什么"之间的差距，通常可以用你的语言来弥合。这就是"启发"一词的字面意思——将生命注入到另一个人身上，这就是全部的意义。

在我们的日常工作、生活中，当我们彼此讲话时，我们通常是完全无意识的。我们只是乘着自动驾驶的车前进。考虑一下这种可能性，将每一个字都当成你接触其他人的一种方式。带着创造从前不存在的事物的意图对另一个人讲话。

最知名的现代舞老师、编舞家玛莎·葛兰姆，曾经这样说："活力、生命力、能量、兴奋，会通过你体现为行动，因为在时间的长河中，你是与众不同的，这些表现也因此而与众不同。假如你阻碍了这种表现，那它将不能凭借任何其他媒介而存在，并因此归于虚无。"

如果你没有鼓起足够的勇气，那么你仍然说不出那些你想要说的话。

展示真实的自我。不要吝惜你的声音，将不得不说的内容与大家分享，送出你的礼物，这个世界正等着接受它呢！

注 释：

① 改编自犹太人的一句谚语：一些人是通电的，他们一离开，房间就亮了。

致　谢

在美国得克萨斯州，有一句古谚语是这么说的：“如果你看见一只乌龟趴在篱笆柱子上，那肯定是有人把它放在那里的。”

我们想对所有把我们托上篱笆柱子的人，表达最诚挚的谢意，没有他们的帮助，就不会有这本书的问世。

“三人行，必有我师。”

非常幸运，我们从同事身上学到了很多东西。我们要感谢加入我们教师团队的那些才华横溢的戏剧导演、演员、表演家，他们为我们带来了专业技能和灵感，与我们一起探讨人类沟通的方式，在培训过程中带来幽默、戏剧、感情和情感。他们是（英语按字母顺序排序）：里奇·考克斯、耐克·道卡斯、珍妮丝·厄兰德森、威廉·霍尔、亚历山大·希尔顿、丹·克雷恩、杰夫·拉兹、理查德·赛义德、梅丽莎·史密斯、德布·苏塞尔、罗伯特·维纳普。助手卡桑德拉·普锐斯也给我们提供了非常多的帮助。

感谢彼得·波兰德，他看了愿景部分，表示肯定，并且给了我们将愿景付诸实施的机会。但他做的还远远不止这些，在紧要关头，他身先士卒，事必躬亲，最终使书得以成形。从头到尾，事无巨细，都有他的参与——感谢他！没有他，我们的书永远无法完成。

感谢尼克·西蒙斯，他耐心地帮助我们让这本书最终成形。

感谢波尼·纳达尔，从一开始就参与进来，不遗余力地帮助我们。

感谢我们出色的研究助手萨拉·格什曼、罗勃·贝德克尔、雷切尔·芬克尔斯坦，他们查阅了本书中的引用内容和统计数据及时完成了工作。

感谢导师乔治·科尔瑞瑟博士，没有他的指导和启发，本书也不可能完成。

彼得说：人们常说我们教的正是我们最需要学的内容。感谢我的家人玛西亚、卢卡斯和泰勒，他们从来没有动摇过对我的爱和支持——谢谢你们长久以来的支持！我把这本书献给我的父亲，霍华德·A. 迈尔斯，在我年少时他就向我灌输一种宝贵的思想，即口头语言是上天赐给我们的最好的礼物。

尚恩说：感谢我亲爱的丈夫里奇，在写作本书的过程中，除了没有陪我去不同的国家进行考察之外，他做了其他所有事情。如果我之前提出要求的话，他肯定也会为我做这件事情。我怎么没早点认识你呢？我爱你！感谢我的家人——泰德、西瑞斯、埃伦和若利，你们都是聪明的孩子。感谢你们的支持，和对我承受的压力给予的理解。感谢我的父母，安和多恩·尼克斯。我从他们在餐桌旁的启发性交流中，获得了很多乐趣。

附录1：进一步评估

你已经由内而外地检查了你的沟通，现在我们将从外到内做一个考察。自我评估是你对自己的评价。但是，沟通的时候，唯一真正重要的是其他人对你的感觉。为了找出这种感觉，复印五份本书上的沟通反馈表（也可以从网址www.standanddeliverygroup.com.下载表格）。将这些表格分发给你所认识的人，至少要发给五个人，要求他们完成上面的问题。要采用匿名的形式，这样他们才能完全坦诚地表达看法。他们不必写出总得分——这项工作可由你自己完成。

现在按照下列步骤进行：

❶ 收回反馈表后，将各项总得分相加。根据每个人给出的分数，在24页的演讲效果网格图上分别标出相应的点。从中观察点的分布模式，看有没有集中的区域，据此可以了解大家对你的评价。例如，你可能认为自己的内容很出色，但演讲方式不佳。当你的团队成员交回填好的表格时，你会惊讶地发现你的演讲方式很棒，但你的内容却表现平平。作一个分析。

你看到了什么，网格图上表现出来的模式是什么样的？你的自我评价和他人对你的评价之间有差距吗？最终，不是看你说了什么，而是看他们记住了什么。①

沟通反馈表

演讲内容	
根据如下标准评分： 几乎总是 5分 通常情况下是 4分 有时候是 3分 通常情况下不是 2分 几乎从来不是 1分	
	为了提出和支持构想，他/她做了独到的分析和深入细致的考察，并用证据和例子来说明要点。
	他/她说话时富有激情、充满智慧，能满足我的情感需求。
	他/她演讲中，运用故事和生动的比喻帮助我感觉到和看到正在描述的事物。
	他/她的演讲首尾呼应，浑然一体——既强调了关键点又让我很满意。
	他/她开头说的内容都是我关切的，能打动我。他/她很少在开头说关于自己的事情。
	他/她的演讲像讲故事一样展开，而不只是展示一系列的幻灯片、罗列一系列的要点以及数据。
	通常他/她以一个主题或中心句开始一次谈话或演讲，并在整个过程中加以强调。
	他/她以一种综合的、连续的叙事方法组织思想，并环环相扣，使我更容易理解。
	他/她讲话简洁，从不喋喋不休、拖沓冗长，听完后我很清楚他/她说的是什么。
	他/她很清楚自己讲话的目的和对象。我会逐渐被他/她的话打动，有了新的见解、决定和行动。
	他/她的语言鲜活生动、易于理解，很少使用模糊不清或者容易引起歧义的行话、缩写词或者陈词滥调。
	演讲内容总得分

❷ 如果你确实很想改进你的表现，那么，将五份沟通反馈表发给你的客户、五份发给你的同事、五份给你的家人。这是在现实世界中了解你沟通表现的一种快速方法，结果有可能会让你大吃一惊！有可能是，你对团队的沟通是非常出色的，但你在家里与家人的沟通却不怎么好。或者你可能与客户分享了一切，但是对同事却有所保留。在不同的人面前，你会有不同的表现吗？有没有一定的规则？你给了一些人你最好的东西，而对另一些人却总满不在乎吗？如果回答是肯定的，那么考虑一下这么做的代价！

演讲风格	
根据如下标准评分 几乎总是 5分 通常情况下是 4分 有时候是 3分 通常情况下不是 2分 几乎从来不是 1分	
	他/她能对讲话时发生的一切作出反应，并适时调整自己。
	他/她在一大群人面前能自如地运用手势，从来不会感到尴尬。
	他/她是很好的倾听者，在谈话及会议中，我感觉到他/她很在乎我的看法。
	他/她会根据形势的变化展现许多适宜的、有益的情绪。
	他/她在演讲开始时会和我建立融洽的关系。进入正题之前，他/她会以具有共同立场的（共同感兴趣的）话开始演讲或谈话。
	他/她在人群面前讲话时，会坚持用眼神交流。当我们一对一进行交谈时，他/她会看着我的眼睛。
	他/她的语言和音调是交谈式的。
	他/她运用幻灯片、讲义或者其他媒介只是作为演讲的辅助工具，并且不会让幻灯片显得比讲话的人还重要。
	他/她在讲话时，知道如何运用节奏、声调和音量来表现内容的细微差别与多样性。
	演讲风格总得分

注 释：

① 弗兰克·伦兹博士：《说话的力量》，亥伯龙出版公司，纽约，2007年。

以下是一些坡道和甜点的经典例子：

1. 富兰克林·德拉诺·罗斯福，《四大自由》：

> 主席先生、议长先生，第七十七届国会的各位议员们：
>
> 在这个前所未有的时刻，我在此向新一届国会的议员们作报告。我用了“前所未有”这个词，是因为现在美国的安全所遭受的威胁是之前任何时候都无法相提并论的。”
>
> 资料来源：http://www.americanrhetoric.com/speeches/fdrthefourfreedoms.htm

2. 比尔·科斯比，《在美国有色人种促进会发表的庆祝布朗教育委员会成立五十周年讲话》：

> 女士们，先生们：
>
> 我提醒各位认真考虑你们刚才所听到的一切，我是最后一个发

言的人。我听到一位职业拳击经理对一位在比赛中输得很惨的拳击手说："大卫，听我说，不是他打赢了你，而是你没有打赢他。"

女士们，先生们，这些人——他们敞开了大门，他们给予了我们权力，而且，女士们，先生们：在我们的城市和公立学校里，现在已有50%的学生辍学了。在我们隔壁，还有人在坐牢。没有人会为婚前怀孕感到尴尬，也不会有男孩再为逃脱非婚生子女的责任而感到尴尬。

资料来源：http://www.americanrhetoric.com/speeches/billcosbypoundcakespeech.htm

3. 卢·贾里格，《对扬基球迷们发表的演讲》：

球迷们，在过去的半个月里，你们已经通过媒体知道我得了一种严重的病。然而，现在我仍然觉得自己是世界上最幸运的人。我在球场打拼了17年，从你们这些球迷身上，我得到了无尽的关爱与鼓励。

看看这些了不起的人。谁不会觉得与这些球迷打交道，哪怕只是一天，也是自己职业生涯的一大亮点呢？

资料来源：http://www.historyplace.com/speeches/gehrig.htm

4. 林登·B. 约翰逊，《我们将克服难关》：

我今晚在此为人类的尊严和民主的命运呼吁。我促请两党的每一个成员以及来自全国、具有不同宗教信仰和肤色的全体美国人民与我一起加入这一行动。

有时，历史与命运会在某时某地会合，成为人类不断寻求自由进程中的一个转折点。在列克星敦和康科德曾发生的事件就是这样的转折点，一个世纪前在阿波马托克斯发生的情况同样如此。上星期在亚拉巴马州塞尔马发生的事件也是这样一个转折点。在那个城市，长期身受磨难的男男女女以和平方式抗议其作为美国公民的权利遭到剥夺。许多抗议者受到残暴攻击。有一个善良的人，一个上帝的子民，惨遭杀害。

资料来源：http://www.historyplace.com/speeches/johnson.htm

5. 米歇尔·奥巴马，《2008年在美国民主党全国大会上发表的演讲》：

当我给这个小女孩盖被子的时候，当我给她和她的小妹妹盖被子的时候，我就在想，如果有一天，她们有了自己的家庭会怎么样？有一天，她们——还有您的儿女们将会告诉自己的孩子在这次选举中我们作了什么样的选择。他们将告诉自己的孩子，在这样的时刻，我们听从了希望而不是恐惧的召唤；在这样的时刻，我们不再怀疑，开始有了梦想；在这样的时刻，在这样一个伟大的国家——一个来自于芝加哥南部的女孩可以上大学和法学院；而从夏威夷来的一个单亲妈妈的儿子通过不懈的努力可以入主白宫——那正是我们致力于要创造的世界。

因此，今晚，为了感谢父亲带给我的美好回忆，为了我女儿的未来，为了感谢那些帮助我们取得本周胜利的人以及牺牲了每日的宝贵时间一直陪伴我们的人，让我们致力于完成他们的工作吧，让我们齐心合力实现他们的愿望吧，让我们一起努力选贝拉克·奥巴马作为美国的总统吧。

资料来源：http://www.americanhetoric.com/speeches/convention2008/michelleobama2008dnc.htm

6. 史蒂夫·乔布斯在斯坦福大学毕业典礼上的演讲（2005年）：

当我年轻的时候，有一本叫做《全球目录》（The Whole Earth Catalog）的杂志，它被我们那一代人视为像《圣经》一样的读物。它的发行人是斯图亚特·布兰德，就住在离这里不远的门罗帕克（Menlo Park），他对诗歌的领悟赋予了它（这本书）生命。那时是60年代后期，个人电脑还没有出现，所以这本书全部是用打字机，裁纸刀还有快速成像相机做成的。它有些像“包在书皮里的谷歌”，但它比谷歌早出现了35年——它充满了理想主义色彩，其中有许多巧妙的工具和伟大的想法。

斯图亚特和他的团队出版了几期《全球目录》，但随着时代变迁，它注定要退出历史舞台。在70年代中期，他们出了最后一期，我那时跟你们差不多大。在最后一期的封底上是一张清晨乡村公路的照片。如果你是个喜欢冒险的人，你完全可以想象某一天在这样的一条路上徒步旅行，时不时搭顺风车到下一个目的地，那是多么美妙。在照片底下有这样一段话：“求知若渴，虚怀若愚”（Stay Hungry. Stay Foolish），作为这本精彩杂志的停刊赠言。这句话也成了我的座右铭，我总是希望自己能够做到。现在，在你们即将毕业、开始新的旅程之时，我把这句话送给你们，希望你们能够：求知若渴，虚怀若愚。

资料来源：http://www.freerepublic.com/focus/chat/1422863/posts